DR. **HANS W. KOTHE**

VOGELSPINNEN

KOSMOS

▶ Thema **Vogelspinnen- und Terrarienkauf** 46

Vorüberlegungen 48
Das richtige Terrarium 50
Ausbrechen verhindern 51
Terrarien für Bodenbewohner 51
Terrarien für Baumbewohner 53
Paarungsterrarium 54
Quarantäneterrarium 55
Standort 56
Bodengrund 57
Heizung 59
Luftfeuchtigkeit 61
Beleuchtung 62
Sonstige Einrichtungsgegenstände 62
Pflanzen im Terrarium 66
Pflanzenporträts 68
Einrichtungsvorschläge Schritt für Schritt 70
Kauf der Vogelspinnen 72
Die richtige Art auswählen 75

▶ Thema **Vogelspinnen** 4

Wissenswertes über Vogelspinnen 6
Systematik der Spinnentiere 6
Alter und Artenzahl 7
Lebensraum 8
Baum- und Bodenbewohner 8
Körperbau 10
Sinnesleistungen 14
Nahrungserwerb 15
Wachstum von Spinnen 16
Abwehrverhalten 17
Verhalten nach einem Biss 18
Gefährliche Spinnen 20
Vogelspinnen im Porträt 21

▶ Thema **Fütterung** 76

Geeignete Futtertiere 78
Futtermenge 78
Fütterungszeit 79
Zucht von Futtertieren 80
Heimchen und Grillen 80
Wanderheuschrecken 81
Taufliegen 82
Springschwänze 83

▶ Thema **Pflege und Gesundheit** 84

Pflege des Terrariums 86
Urlaubsversorgung 88
Pflegeplan 89
Umgang mit Vogelspinnen 90
Solutionfinder Verhalten 94
Häutung 96
Verletzte Vogelspinnen 98
Krankheiten 100
Solutionfinder Krankheiten und
   Parasiten 101

▶ Thema **Vogelspinnen vermehren** 102

Voraussetzungen 104
Geschlechtsbestimmung 104
Spermanetz 106
Der Paarungsvorgang 116
Eiablage und Brutpflege 110
Jungspinnen aufziehen 111

▶ Thema **Service** 114

Rechtliche Aspekte 116
Impressum 118
Zum Weiterlesen 119
Adressen 119
Internet 119
Register 120

- Wissenswertes über Vogelspinnen
  6–9
- Körperbau
  10–13
- Sinnesleistungen
  14
- Nahrungserwerb
  15–16
- Abwehrverhalten
  17–20
- Vogelspinnen im Porträt
  21–45

THEMA **VOGELSPINNEN**

THEMA SPINNENTIERE

Wissenswertes über Vogelspinnen

Vogelspinnen im Terrarium
Nur wenige Tiere rufen so viel irrationale Abscheu hervor wie die Spinnen. Da nützen dann auch die besten Argumente nichts, etwa der Einwand, es handle sich doch um sehr nützliche Organismen, die lästige Fliegen oder Mücken wegfangen. Für Vogelspinnen gilt diese Abscheu sogar noch verstärkt, denn sie sind nicht nur ungewöhnlich groß und stark behaart, sondern haben zudem den Ruf, sehr gefährlich zu sein. Allerdings scheinen sich nicht alle Menschen von den Vorurteilen gegen Spinnen beeindrucken zu lassen, denn in den letzten Jahren hat die Zahl derjenigen ständig zugenommen, die Vogelspinnen in Terrarien halten, um sie dort genau beobachten zu können. Und dieses verstärkte Interesse ist durchaus verständlich, weil gerade wirbellose Tiere wie Spinnen auch im Terrarium viele ihrer natürlichen Verhaltensweisen zeigen, was die Pflege besonders reizvoll macht. Und vielleicht gibt dieser Trend sogar ein wenig Anlass zur Hoffnung, dass die Zahl der Menschen, die sich vor Spinnen ekeln, langsam ein wenig zurückgehen möge – ein Wunsch, den dieses Buch unterstützen will.

Vogelspinnen und andere Spinnentiere
Spinnentiere (Klasse Arachnida) gehören zusammen mit den Krebsen (Klasse Crustacea) und Insekten (Klasse Insecta) sowie einer Reihe weiterer, kleiner Klassen zu den Gliederfüßern (Stamm Arthropoda), wobei die Mitglieder dieser Tiergruppe ihren umgangssprachlichen Namen dem Umstand verdanken, dass sie – im Gegensatz zu ihren Vorfahren, den Ringelwürmern – gegliederte und durch Gelenke verbundene Extremitäten besitzen. Eine weitere Gemeinsamkeit der Arthropoden ist das Außenskelett. Dabei handelt es sich um eine feste Hülle, die den Körper schützt und außerdem als Ansatzstelle für die Muskeln dient. Das Außenskelett, auch als Cuticula bezeichnet, besteht hauptsächlich aus Chitin, also langkettigen, eng miteinander vernetzten Kohlenhydrat-Molekülen, die für die notwendige Festigkeit der äußeren Schutzhülle sorgen.

Systematik der Spinnentiere
Zur Klasse Arachnida rechnet man folgende Ordnungen: Skorpione (Scorpiones), Geißelskorpione (Thelyphonida), Zwerggeißelskorpione (Schizomida), Geißelspinnen (Amblypygi), Tasterläufer (Palpigradi), Echte oder Webspinnen (Araneae), Kapuzenspinnen (Ricinulei), Afterskorpione (Pseu-

INFO

Die spinnen, die Götter!

Der Name Arachnida für die Klasse der Spinnentiere geht auf Arachne zurück. Arachne war eine außerordentlich geschickte Teppichweberin, die der griechischen Mythologie zufolge alle Menschen ihrer Zeit in dieser Kunstfertigkeit übertraf. Dieser Umstand machte die junge Frau so hochmütig, dass sie es wagte, die Göttin Athene zu einem Wettkampf am Webstuhl herauszufordern. Athene ließ sich darauf ein und musste feststellen, dass der Teppich der geschickten sterblichen Weberin ihrem eigenen in nichts nachstand. Darüber geriet die Göttin so sehr in Zorn, dass sie Arachnes Teppich, auf dem diese auch noch ausufernd die Seitensprünge zahlreicher Götter bis ins Detail dargestellt hatte, wütend zerstörte. Dies wiederum machte Arachne todunglücklich und sie erhängte sich auf der Stelle. Als Athene das sah, reute sie ihr Zorn, sodass sie die Weberin in eine Spinne und den Strick in einen Spinnfaden verwandelte. Und genau aus diesem Grund übertreffen Spinnen auch alle anderen Lebewesen in der Kunst des Webens – Anlass genug für die Zoologen, die Spinnentiere nach der bedauernswerten Arachne zu benennen.

Die Mexikanische Rotbein-Vogelspinne (Brachypelma smithi) ist eine von über 800 Vogelspinnen-Arten.

doscorpiones), Walzenspinnen (Solifugae), Weberknechte (Opiliones) und Milben (Acari), wobei man die Vogelspinnen bei den Echten oder Webspinnen (Araneae) einordnet. Innerhalb dieser Gruppe werden sie in der Familie Theraphosidae zusammengefasst, die noch in Unterfamilien aufgeteilt wird. Allerdings kann es, je nach wissenschaftlicher Auffassung, leichte Abweichungen von der hier dargestellten Einteilung geben und auch die Namensgebung ist nicht immer einheitlich, wobei die Unterschiede für die Benutzung dieses Buches keine Rolle spielen.

Alter und Artenzahl

Die ersten Spinnen, die sich seit ihrem Erscheinen auf der Erde nur wenig verändert haben, traten vermutlich im Devon auf, also vor etwa 400–350 Millionen Jahren. Und seit dieser Zeit haben sie sich zu einer sehr erfolgreichen Tiergruppe entwickelt, die sich fast überall auf der Erde ihren festen Platz erobert hat – wie jeder weiß, auch in unmittelbarer Nähe des Menschen. Wie viele Spinnentiere es gibt, weiß niemand so genau. Wissenschaftlich beschrieben wurden bisher über 80.000 Arten, aber man nimmt an, dass die tatsächliche Zahl weitaus höher ist. Die Vogelspinnen (Familie *Theraphosidae*) bilden mit 873 Arten, die sich auf 105 Gattungen verteilen (Stand November 2001), eine recht überschaubare Gruppe.

THEMA LEBENSRAUM UND LEBENSWEISE

So leben Vogelspinnen

Die Heimat der Vogelspinnen
Viele Menschen bringen Vogelspinnen sofort mit heißen und kargen Wüstenlandschaften in Verbindung. Allerdings ist diese Vorstellung nicht ganz richtig, denn es gibt zahlreiche Arten, die nicht in trockenen Biotopen leben, sondern in üppigen, feuchtwarmen Regenwäldern. Dort sind einige Arten am Boden zu finden, während andere sich überwiegend in den Bäumen aufhalten, um dort auf Beute zu lauern. Zutreffend ist dagegen, dass die Mehrzahl der Vogelspinnen aus tropischen und subtropischen Regionen Asien, Afrikas und Amerikas stammt; einige Arten kommen aber auch in Südeuropa sowie in Australien und auf Neuguinea vor.

Baum- und Bodenbewohner
Die meisten Vogelspinnen sind sehr ortstreue Tiere, die sich fast ständig in der Nähe ihres Unterschlupfs aufhalten. Daher müssen die Terrarien für die überwiegende Zahl der im Fachhandel erhältlichen Vogelspinnen auch keine allzu große Grundfläche aufweisen. Es gibt aber auch einige Vogelspinnen, die ein Nomadenleben führen und sich jeden Tag ein neues Versteck suchen. Sie sind für eine Haltung im Terrarium weniger geeignet und auch selten im Handel erhältlich. Grundsätzlich lassen sich innerhalb der Familie Theraphosidae zwei Gruppen unterscheiden. Zu der einen gehören am Boden lebende Arten, während die Mitglieder der zweiten Gruppe geschickte Kletterer sind, die sich vorzugsweise im Geäst von Bäumen aufhalten – ein Umstand, der bei der Planung des Terrariums berücksichtigt werden muss.

Die Halbwüsten im Südwesten der USA und in Mexiko sind die Heimat zahlreicher Vogelspinnen.

BODENBEWOHNER Am Boden lebende Vogelspinnen graben sich häufig eigene Wohnröhren, die eine Länge von mehr als zwei Metern haben und zudem verzweigt sein können. Oft benutzen sie aber auch die Gänge von Mäusen und anderen Kleinsäugern oder sie verkriechen sich unter Steinen, welken Blättern, herabgefallenen Ästen, umgestürzten Bäumen und zwischen Wurzeln. In diesen Verstecken, die oft mit Spinnweben austapeziert sind, verbringen die nacht- und dämmerungsaktiven Tiere nicht nur den Tag, sondern sie suchen dort auch während der Häutung bzw. bei längeren Kälteperioden Schutz. Gerade Weibchen benutzen solche

In tropischen Regenwäldern kommen sowohl Baum bewohnende als auch am Boden lebende Vogelspinnen vor.

INFO

Vogelspinnen in Europa
Wer in Europa Vogelspinnen am natürlichen Standort beobachten möchte, kann dies in Süditalien, Spanien, Portugal oder auf Zypern versuchen, wo einige Arten der Gattungen *Ischnoculus* und *Chaetopelma* vorkommen. Größere Erfolgsaussichten, wirklich eine Vogelspinne in der Natur zu finden, bestehen jedoch bei einer Reise in den Südwesten der USA.

BAUMBEWOHNER Auf Bäumen lebenden Vogelspinnen besitzen gut ausgebildete Haftpolster an den Beinen (◉ Seite 11), mit deren Hilfe sie sicher auf den Ästen umherklettern (ebenso wie an den Glasscheiben des Terrariums). Als Unterschlupf dienen ihnen manchmal Baumhöhlen und verlassene Vogelnester, viele bauen aber auch Gespinste in Astgabeln oder errichten sich ein Versteck aus Blättern. Und in einigen Regionen Asien findet man Arten aus dieser Gruppe manchmal sogar auf Dachböden bewohnter Häuser. Terrarien für Baum bewohnende Arten müssen höher sein als die der Boden bewohnenden Spinnen und auch anders eingerichtet werden (◉ Seite 51–53).

Schlupfwinkel nicht selten über Jahre, unter anderem auch zur Eiablage. Und wird der Unterschlupf tatsächlich einmal kurz verlassen, dann spannen sie einen Sicherheitsfaden, mit dessen Hilfe sie auf dem schnellsten Weg in ihr Versteck zurückfinden.

Vogelspinnen sind Einzelgänger
Vogelspinnen sind Einzelgänger, die nur während der Paarung kurzzeitig mit Artgenossen zusammentreffen – ein Umstand, der bei der Terrarienhaltung unbedingt zu berücksichtigen ist.

THEMA KÖRPERBAU

Der Spinnenkörper

Der Vogelspinnenkörper ist in zwei große Abschnitte untergliedert, die als Cephalothorax oder Prosoma (Vorderkörper) und Abdomen oder Opisthosoma (Hinterleib) bezeichnet werden. Beide sind über einen dünnen Kanal verbunden, durch den Adern, Nerven, Muskeln und der Darm verlaufen.

Dank dichter Polster aus Hafthaaren an Tarsen und Metatarsen können die meisten Vogelspinnen gut klettern.

Cephalothorax

Der Cephalothorax setzt sich aus dem Carapax (Rückenplatte oder Kopfbrustschild) auf der Oberseite und einer zumeist sternförmigen Struktur, dem Sternum (Bauchplatte) auf der Unterseite, zusammen. Auf dem Carapax ist normalerweise ein kleiner Hügel zu erkennen, auf dem acht Augen sitzen, deren Anordnung und Größe zumeist etwas unterschiedlich ist, sodass man sie als Bestimmungsmerkmal verwenden kann. Im Inneren des Cephalothorax befinden sich der Saugmagen (⊙ Seite 15) und die wichtigsten Teile des Nervensystems.

Extremitäten

Seitlich am Cephalothorax sitzen die Extremitäten oder Gliedmaßen. Zu ihnen gehören auch die auffälligen Cheliceren, die hauptsächlich zum Fangen der Beute dienen.

CHELICEREN Spinnen besitzen zwei Cheliceren, die bei einigen Arten bis 2 cm lang sein können. Jede von ihnen besteht aus einem Basalglied und einer Klaue, in deren Spitze die winzigen Kanäle aus den Giftdrüsen enden. Beim Beutefang versucht die Spinne die Chelicerenklauen in ein Opfer zu schlagen, um dann ihr Gift zu injizieren; die kräftigen Basalglieder dienen zum Festhalten und Ausquetschen der Beute (⊙ auch Seite 15).

PEDIPALPEN Neben den Cheliceren sitzen die Pedipalpen (Kieferntaster). Sie sehen häufig nicht nur aus wie ein fünftes Beinpaar, sondern werden manchmal auch zum Laufen benutzt. Hauptsächlich dienen sie allerdings zum Tasten und zusammen mit den Cheliceren zum Festhalten der Beute sowie zum Reinigen der Mundwerkzeuge. Ihr Aufbau ist fast identisch mit dem der Beine, die Taster sind aber etwas kürzer, weil ihnen der Metatarsus (⊙ Abbildung, S. 13) fehlt. Eine Besonderheit weisen die Pedipalpen ausgewachsener Männchen auf, denn bei ihnen bilden sich mit der Häutung zur Geschlechtsreife an den vordersten Tastergliedern zumeist birnenförmige, spitz zulaufende Kopulationsorgane (Bulben), mit denen bei der Paarung das Sperma in die Samentasche des Weibchens übertragen wird (⊙ Seite 108).

BEINE Am Cephalothorax sitzen außerdem die vier, normalerweise dicht behaarten Beinpaare, die mit Coxa (Hüfte), Trochanter (Schenkelring), Femur (Schenkel), Patella (Knie), Tibia (Schiene), Metatarsus (Mittelfuß) und Tarsus (Fuß) alle den gleichen Aufbau haben (⊙ Abbildung, S. 13). Am Tarsus sitzen außerdem zwei bis drei einziehbare

Acht Beine und die deutliche Unterteilung in Vorderkörper und Hinterleib sind typische Spinnenmerkmale.

Krallen zum Festhalten; bei den geschlechtsreifen Männchen sind an den Tibien des ersten Beinpaares zudem oft zwei kleine Haken (Tibiaapophysen) vorhanden, die eine Rolle bei der Begattung spielen (⊙ Seite 108). Bei manchen Arten, besonders solchen, die auf Bäumen leben, sitzen an den Tarsen und Metatarsen dichte Polster aus Hafthaaren, die den Tieren einen sicheren Halt beim Klettern auf glatten Oberflächen verleihen. Einige Vogelspinnen haben außerdem spezielle Borsten an den Vorderbeinen (oder auch an den Basalgliedern der Cheliceren bzw. an den Tastern), mit denen sie zischende oder zirpende Warnlaute erzeugen können (⊙ Seite 19). Benutzt werden diese so genannten Stridulationsorgane zumeist dann, wenn sich eine Vogelspinne bedroht fühlt und da die

Die an der Unterseite des Abdomens sitzenden Spinnwarzen sind bei den meisten Vogelspinnen-Arten gut zu erkennen.

Laute auch für menschliche Ohren gut zu vernehmen sind, sollte sich jeder Vogelspinnenhalter besser zunächst einmal aus der unmittelbaren Nähe seines Pfleglings zurückziehen, wenn er solche Geräusche vernimmt.

Einige Arten wie diese Brachypelma vagans haben Brennhaare auf dem Abdomen, die zur Verteidigung verwendet werden.

Abdomen

Obwohl das Abdomen wichtige Organe wie Herz, Atemorgane sowie die Keimdrüsen zur Produkion von Ei- bzw. Samenzellen und große Teile des Verdauungstrakts beherbergt, ist es im Gegensatz zum Cephalothorax recht weich und ungeschützt, was man bei der Handhabung der Spinnen niemals vergessen darf. Auf der Unterseite des Hinterleibs fallen neben den Öffnungen der Fächerlungen und den Geschlechtsöffnungen vor allem die vier Spinnwarzen (zwei große und zwei kleine) auf, aus denen die Tiere ein Sekret absondern, das an der Luft aushärtet und dabei zum allseits bekannten Spinnfaden wird, der es an Festigkeit sogar mit einem dünnen Nylonfaden aufnehmen kann. Außerdem sitzen bei bestimmten Arten, den sog. Bombardierspinnen, auf der Oberseite des Abdomens eine Reihe von Reiz- oder Brennhaaren, die zur Verteidigung mit den Beinen abgestreift werden können (◉ Seite 18).

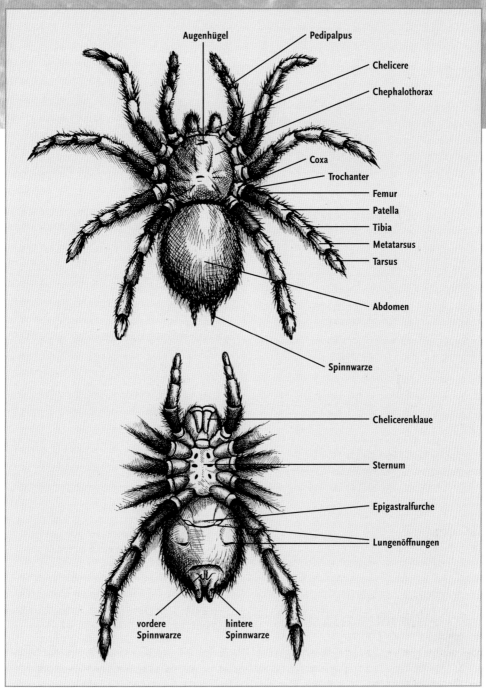

Schematische Darstellung eines Vogelspinnenkörpers in Dorsal- (oben) und Ventralansicht (unten).

THEMA SINNE

Da die Augen der Vogelspinnen nicht sehr leistungsfähig sind, müssen sie sich auch durch Sinneshaare orientieren.

Vogelspinnen sind taub und auch ihr Sehvermögen ist nicht sehr gut. Dafür besitzen sie eine Reihe anderer, spezieller Sinnesorgane, die ihnen ein Überleben in der Natur ermöglichen.

Die Sinnesleistungen

Augen
Die meisten Vogelspinnen besitzen acht Augen mit unterschiedlichen Funktionen. So reagieren einige überwiegend auf den Wechsel von Licht und Schatten, während andere vermutlich auch Formen und Konturen auflösen können. Insgesamt verlassen sich Vogelspinnen aber hauptsächlich auf andere Sinne, etwa den ausgezeichneten Tastsinn.

Sinneshaare
Ihren guten Tastsinn verdanken die Vogelspinnen den unzähligen Tasthaaren, die an den Beinen und Tastern besonders zahlreich sind. Mithilfe dieser empfindlichen Haare reagieren die Tiere auf Berührungsreize jeder Art, aber auch auf Erschütterungen des Untergrundes und eine damit verbundene, potenzielle Bedrohung. Typisch für Spinnen sind außerdem die sog. Trichobothrien. Das sind sehr dünne, becherartige Borsten, die feinste Luftbewegungen registrieren und so die Existenz einer Beute oder eines Angreifers signalisieren können. Außerdem haben Spinnen an den Tastern und Vorderbeinen spezielle Geruchs- und Geschmackshaare, die sie benutzen, um Aufschluss über ein Beutetier oder auch über einen geeigneten Geschlechtspartner zu bekommen.

Spaltsinnesorgane
Diese Sinnesorgane findet man nur bei Spinnentieren. Es handelt sich dabei um nur etwa 2 μm breite und bis 0,2 mm lange Spalten, die auf der Druck- und Zugänderungen der Kutikula reagieren. Sie signalisieren der Spinne Erschütterungen des Untergrundes und informieren sie auch über ihre Lage im Raum. Spaltsinnesorgane sind über den ganzen Körper verteilt; besonders häufig findet man sie an den Beinen.

Chemorezeptoren
Zusätzlich besitzen Spinnen – vor allem im Bereich der Mundöffnung sowie an den Tastern und Vorderbeinen – eine Reihe von Chemorezeptoren, also spezialisierte Zellen, mit denen sie die Genießbarkeit einer Beute überprüfen können, aber auch erfahren, ob ein Artgenosse als Geschlechtspartner geeignet ist. Erwähnenswert ist außerdem das Tarsalorgan, ein an den Tarsen liegendes Sinnesorgan, das hauptsächlich zur Überprüfung von Feuchtigkeit und Temperatur dient.

THEMA: NAHRUNGSERWERB UND WACHSTUM

Die Chelicerenklauen, mit denen auch das Gift injiziert wird, können eine beachtliche Länge erreichen.

Spinnen leben räuberisch, d.h. sie ernähren sich von anderen Tieren. Meist handelt es sich dabei um Insekten, auch wenn große Vogelspinnen schon einmal kleine Amphibien, etwa Frösche, nicht allzu wehrhafte Reptilien wie Eidechsen, kleinere Säugetiere, z.B. eine unvorsichtige Maus oder ab und zu einen Jungvogel erbeuten. Pflanzen stehen nicht auf ihrem Speisezettel.

Spinnen sind Jäger

Der Beutefang

Im Gegensatz zu vielen ihrer Verwandten fangen Vogelspinnen ihre Beute nicht in Netzen, sondern lauern ihr auf. Dazu sitzen sie normalerweise am Eingang ihres Verstecks und warten darauf, dass ein Opfer geeigneter Größe in die Nähe kommt, um dieses dann mit einem Giftbiss zu töten. Besonders auf wechselwarme (poikilotherme) Tiere, also Lebewesen, die ihre Körpertemperatur nicht oder nur unvollkommen regulieren können, beispielsweise Insekten, Amphibien und Reptilien, hat das Gift eine zumeist tödliche Wirkung. Dagegen wirkt es bei warmblütigen (homöothermen) Tieren, also Vögeln und Säugern ab etwa Tauben- oder Rattengröße, normalerweise nicht mehr letal. Nach dem Fangen der Beute legen viele Arten das Opfer auf einen Teppich aus Spinnfäden und beginnen erst danach mit dem Fressen. War die Jagd besonders erfolgreich, werden Beutetiere manchmal auch vollständig eingesponnen und als Vorrat im Unterschlupf aufbewahrt.

Die Nahrungsaufnahme

Da Spinnen eine sehr kleine Mundöffnung haben – selbst bei Vogelspinnen mit einer Länge von 10 cm ist sie nur etwa 1 mm groß – müssen sie ihre Nahrung außerhalb des Körpers verdauen. Dazu pumpen sie einen Verdauungssaft in das Opfer und saugen die verflüssigte Nahrung dann mithilfe ihres Saugmagens auf. Damit das zügig geschehen kann, kneten die meisten Spinnen ihre Beute mit den Cheliceren kräftig durch und drücken den Nahrungsbrei so in ihre Mundöffnung. Übrig bleiben schließlich nur die leere Hülle oder andere unverdauliche Teile des Opfers. Nach dem Aussaugen der Beute, das bei Insekten etwa 1–2 Stunden dauert, bei kleinen Säugetieren dagegen einen ganzen Tag oder mehr, trinken die meisten Exemplare reichlich, um sich anschließend ausgiebig zu putzen. Weil die Beutetiere der Vogelspinnen oft vergleichsweise groß sind, werden nicht alle Nährstoffe sofort verwertet, sondern in speziellen Blindsäcken des stark verästelten Darms gespeichert. Daher können gesunde, gut genährte Vogelspinnen bei

Dieser Zeichnung der Naturforscherin Maria Sibylla Merian (1647-1717) verdankt die Vogelspinne ihren Namen.

INFO

Woher der Name Vogelspinne kommt
Ihren Namen verdanken die Vogelspinnen der bekannten, 1647 in Frankfurt am Main geboren Naturforscherin und Malerin Maria Sibylla Merian, die zahlreiche naturwissenschaftliche Werke mit sehr naturgetreuen Abbildungen von Pflanzen und Tieren schuf. Darunter war auch das Werk *Metamorphosis insectorum Surinamensium* mit zahlreichen fremdländischen Tieren, die Frau Merian auf einer Reise nach Surinam gesehen und gezeichnet hatte. Eine dieser Abbildungen zeigte eine bis dahin in Europa unbekannte Spinne, die einen Vogel fraß. Dieses Bild nahm der berühmte schwedische Naturforscher Carl von Linné, der als „Vater" der modernen, biologischen Klassifikation gilt, zum Anlass, der Spinne den lateinischen Artnamen *avicularia* zu geben (avis = Vogel). Die umgangssprachliche, deutsche Bezeichnung „Vogelspinne" ist eine Übersetzung des wissenschaftlichen Namens.

Nahrungsmangel auch schon einmal mehrere Monate „fasten", ohne körperlichen Schaden zu nehmen. Wasser benötigen die Tiere allerdings regelmäßig.

Wie eine Spinne wächst

Wie bereits erwähnt, besitzen Gliederfüßer einen festen Außenpanzer aus Chitin, der nur in sehr begrenztem Maße wachsen kann. Um dennoch an Größe zunehmen zu können, musste diese Tiergruppe spezielle Anpassungen entwickeln. Eine dieser Strategien ist, dass bestimmte Larven- und Puppenstadium durchlaufen werden und geschlechtsreife Tiere dann praktisch nicht mehr wachsen. Beispiele dafür findet man bei zahlreichen Insekten, etwa Schmetterlingen. Eine andere Möglichkeit besteht darin, sich während der gesamten Lebensphase regelmäßig zu häuten, also die alte, starre Hülle abzuwerfen und die neue, zunächst noch weiche Haut zu dehnen. Zu den Tieren, die auf diese Weise wachsen, gehören auch unsere Vogelspinnen (◉ Seite 96).

THEMA VERTEIDIGUNG

Viele Vogelspinnen kündigen einen bevorstehenden Angriff zunächst durch eine Drohgebärde an.

Wie fast alle wirbellosen Tiere haben auch Vogelspinnen eine Reihe von Fressfeinden. Die wichtigste Maßnahme zum Schutz des eigenen Lebens ist sicher ihre versteckte Lebensweise. Aber auch wenn eine Spinne in ihrem Unterschlupf aufgespürt oder bei der Suche nach einem Geschlechtspartner von einem Feind überrascht wird, hat sie noch eine Reihe von Möglichkeiten, sich gegen Angriffe zu wehren.

Das Abwehrverhalten

Die Verteidigung durch Gift

Die gefürchtetste Abwehrmethode ist der Giftbiss – auch wenn seine Gefährlichkeit für Menschen meist stark übertrieben wird, denn gemessen an der Körpergröße der Tiere sind die Giftdrüsen bei Vogelspinnen eher klein, sodass auch nur recht geringe Toxinmengen gebildet werden. Daher sind Bisse für Warmblüter von der Größe eines Menschen durchaus schmerzhaft – etwa vergleichbar einem Bienen- oder Wespenstich – aber in aller Regel nicht besonders gefährlich. Allerdings gilt das nur für gesunde Personen.

GEFÄHRLICHE BISSE Für Menschen, die zum Beispiel an einer Allergie gegen Insektengifte leiden, kann ein Vogelspinnenbiss dagegen lebensbedrohliche Auswirkungen haben (👁 Seite 49). Wird ein gesunder Erwachsener von einer Vogelspinne gebissen, gehen die Schmerzen normalerweise etwa eine halbe Stunde nach der Attacke zurück. Allerdings gibt es Ausnahmen. So sollen die Beschwerden bei einem Biss von *Poecilotheria*-Arten (👁 Seite 43–44) manchmal bis zu 8 Tage andauern; außerdem wird in einigen Fällen von Muskelkrämpfen am ganzen Körper, verbunden mit Atemnot, berichtet. Weitere mögliche Symptome sind: Ödeme im Bereich der Bissstelle, eine Anschwellung lokaler Lymphknoten sowie Übelkeit oder Taubheitsgefühl. Bei empfindlichen oder gesundheitlich angegriffenen Personen kann es außerdem zu Kreislaufbeschwerden kommen, nicht zuletzt, weil viele der „Opfer" nach einem Angriff der großen und gefährlich wirkenden Spinnen ziemlich aufgeregt sind, was die Symptome nicht selten weiter verstärkt.

UMSICHTIGES VERHALTEN Aber selbst wenn kein Gift oder nur eine kleine Menge injiziert wird, kann ein Vogelspinnenbiss sehr unangenehm sein, denn besonders die größeren Arten können mit ihren kräftigen Cheliceren tiefe und schmerzhafte Wunden verursachen, sodass beim Umgang mit allen Vogelspinnen stets ein umsichtiges und behutsames Vorgehen anzuraten ist, damit es gar nicht erst zu Unfällen kommt.

CHECKLISTE

Verhalten nach einem Biss

- Als erstes die Bisswunde säubern und desinfizieren. Die ist sehr wichtig, denn häufig werden die Beschwerden nicht so sehr vom injizierten Gift verursacht, sondern durch Krankheitskeime, die beim Biss in die Blutbahn gelangen.

- In den Tagen nach der Spinnenattacke auf mögliche Entzündungen an der Bissstelle achten und außerdem überprüfen, ob die Tetanusimpfung erneuert werden muss.

- Bei jeder Art von Komplikation oder bei der kleinsten Veränderung des Gesundheitszustandes sollte man sofort einen Arzt aufsuchen.

- Wurde eine Person gebissen, für die der Umgang mit Vogelspinnen ungewohnt ist, kommt es manchmal zu ganz unspezifischen vegetativen Symptomen – zumeist eine Folge des Schocks. Daher muss man zunächst unbedingt versuchen, das „Opfer" zu beruhigen. In den meisten Fällen ist es am besten, einen Arzt aufzusuchen, damit sich die entsprechende Person sicher fühlt.

- Zu beachten ist außerdem, das manche Symptome erst einige Zeit nach dem Biss auftreten. Häufig werden sie dann nicht gleich mit dem Spinnenbiss in Verbindung gebracht und führen so möglicherweise zu einer falschen Diagnose.

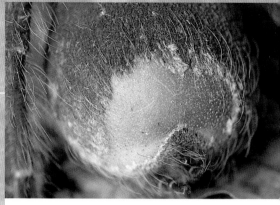

Wenn sich Vogelspinnen durch Abstreifen ihrer Brennhaare verteidigen, entsteht eine Art Glatze auf dem Abdomen.

Verteidigung durch Brennhaare

Eine Reihe von neuweltlichen Vogelspinnen – beispielsweise die Angehörigen der Gattungen *Brachypelma* – können sich auch noch mithilfe sog. Brennhaare verteidigen. Diese mit Widerhaken versehenen Reizhaare sitzen auf dem Abdomen und werden bei einer Bedrohung blitzschnell mit den Hinterbeinen abgestreift und dem Angreifer entgegengeschleudert. Diese Abwehrmaßnahme ist meist mit sehr viel unangenehmeren Auswirkungen verbunden als ein Biss, denn die Reizhaare können tief in die Haut eindringen und dann einen Tage oder gar Wochen anhaltenden Juckreiz hervorrufen. Noch schlimmer ist das Einatmen der Brennhaare, denn die kleinen, hauchfeinen Fremdkörper setzen sich leicht in großer Zahl im Nasen- und Rachenraum fest und verursachen dabei nicht nur stundenlanges Unwohlsein, sondern u. U. sogar Brechreiz und Atembeschwerden. Stark gefährdet sind auch die Augen, an denen es nach einem Kontakt mit Brennhaaren zu Schädigungen der Hornhaut sowie zu einer Binde- oder Regenbogenhautentzündung kommen kann. Daher muss man bei der Haltung von Bombardierspinnen besonders vorsichtig sein, wenn man die Tiere füttert oder das Terrarium reinigt. An Allergien leidende Personen sollten unbedingt ganz auf deren Pflege verzichten.

Manche Vogelspinnen wie diese Citharischius crawshayi mahnen schon durch ihre imposante Größe zur Vorsicht.

Warnsignale

Allerdings muss es überhaupt nicht zu Angriffen kommen, denn in vielen Fällen geben Vogelspinnen deutlich zu erkennen, wenn sie sich bedroht oder belästigt fühlen, sodass man entsprechend reagieren kann.

KÖRPERHALTUNG Typisch ist dabei die Verteidigungsstellung, bei der die Spinne den Vorderkörper aufrichtet, die Cheliceren weit öffnet und die Vorderbeine drohend erhebt. Bombardierspinnen ducken sich vor einem Angriff auf den Boden und bedecken den Cephalothorax mit den Vorderbeinen, um bei einer weiteren Bedrohung die Brennhaare mit den Hinterextremitäten abzustreifen.

WARNSIGNALE Zahlreiche Vogelspinnen können außerdem hörbare Warnsignale abgeben, etwa die Angehörigen der Gattung *Psalmopoeus*, was übersetzt „Psalmendichter" bedeutet. Erzeugt werden diese Signale durch Aneinanderreiben speziell geformter Borsten an den Cheliceren, Tastern oder Vorderbeinen. Dabei entsteht eine Art Zischen, ähnlich dem einer Schlange, oder auch Laute, die an Grillenzirpen erinnern. Erzeugt eine Vogelspinne solche Geräusch, sollte man sich schnell aus ihrer Reichweite zurückziehen, weil es bei einer weiteren Beunruhigung häufig zu einem Angriff kommt.

Unterschiedliche Aggressivität

Darüber, wie aggressiv oder leicht reizbar bestimmte Vogelspinnen sind, gibt es die unterschiedlichsten Einschätzungen. Das ist nicht verwunderlich, denn ein erfahrener Vogelspinnenhalter wird seltener in bedrohliche Situationen kommen und die gepflegte Art somit vermutlich als nicht aggressiv einstufen, während ein Anfänger das vielleicht ganz anders erlebt. Eine weitere Schwierigkeit bei der Beurteilung besteht aber auch darin, dass sich selbst einzelne Exemplare derselben Art oft recht unterschiedlich verhalten, sodass eine generelle Aussage nicht möglich ist. Daher sind Angaben wie „kaum aggressiv", „gutmütig" oder „friedlich" immer nur Anhaltspunkte. Neu erworbene Tiere sollten zunächst einmal als „unberechenbar" eingestuft werden – gleichgültig, um welche Art es sich handelt – und zwar so lange, bis man ihr individuelles Verhalten einigermaßen sicher einschätzen kann.

INFO

Gefährliche Spinnen

▶ **SCHWARZE WITWE** Die bekannteste Spinne mit einem lebensgefährlichen Gift ist die Schwarze Witwe (*Latrodectus mactans*), die ihren Namen der Tatsache verdankt, dass die Weibchen die Männchen nach der Paarung auffrisst. Die Art kommt auf dem amerikanischen Kontinent von Feuerland bis nach Kanada vor und breitet sich in den letzten Jahrzehnten auch in von Menschen bewohnten Lebensräumen aus. Wie durch Statistiken verbürgt ist, sind in den USA durch den Biss dieser Spinne schon über 50 Menschen ums Leben gekommen – allerdings in einem Zeitraum von 200 Jahren. Mit Vogelspinnen lässt sich diese etwa erbsengroße Art kaum verwechseln.

▶ **ATRAX ROBUSTUS** Anders verhält es sich mit der in Australien heimischen Trichterspinne *Atrax robustus*. Diese gefährliche Art, durch die seit Anfang des letzten Jahrhunderts mehr als ein Dutzend Menschen – hauptsächlich Kinder – zu Tode gekommen sind, erreicht nicht nur eine ähnliche Größe wie kleinere Vogelspinnen, sondern ähnelt diesen auch im äußeren Erscheinungsbild, sodass durchaus eine Verwechslungsgefahr besteht. Allerdings sind die Beine bei *Atrax robustus* deutlich weniger behaart als bei den meisten Mitgliedern der Theraphosidae.

▶ **TARANTEL** Die in Süditalien heimische Tarantel, die immer noch für eine der giftigsten Spinnen gehalten wird, ist für den Menschen völlig harmlos. Sie stand aber bei der Namensgebung der Vogelspinnen im englischensprachigen Raum Pate, wo diese Tiere umgangssprachlich als „Tarantulas" bezeichnet werden.

Mit der gefährlichen „Schwarzen Witwe" lassen sich Vogelspinnen glücklicherweise kaum verwechseln.

Neue oder falsch bestimmte Arten

Da die Haltung von Vogelspinnen an Beliebtheit zunimmt, kommen aufgrund der gestiegenen Nachfrage vermert Arten in den Handel, die bisher selten in Terrarien gehalten wurden und über die noch nicht viel bekannt ist, auch nicht, was die Wirkung des Giftes betrifft. Daher sollten Anfänger auf solche Arten verzichten. Wichtig ist es aber auch, Vogelspinnen von einem erfahrenen Zoofachhändler oder Züchter zu erwerben, damit man das gewünschte Tier bekommt und nicht eine Spinne aus einer anderen Familie, unter denen es durchaus Arten mit lebensgefährlichen Giften gibt (◉ Info). Zwar ist eine ausgewachsene Vogelspinne kaum mit anderen Spinnen zu verwechseln, aber bei Jungtieren ist eine genaue Identifizierung nicht immer ganz einfach.

THEMA — ARTBESCHREIBUNGEN

Porträts häufiger Arten

Insgesamt sind bis zum heutigen Tag über 800 Vogelspinnen-Arten beschrieben, von denen hier einige der attraktivsten und für die Terrarienhaltung besonders gut geeigneten vorgestellt werden. Dazu wird unterschieden zwischen am Boden und auf Bäumen lebenden Vogelspinnen, weil die Lebensweise der Tiere entscheidenden Einfluss auf die Auswahl und Einrichtung des Terrariums hat. Innerhalb dieser Gruppen sind die Tiere alphabetisch nach ihren wissenschaftlichen Namen geordnet. Die Einträge in diesem Teil setzen sich folgendermaßen zusammen:

UMGANGSSPRACHLICHE BEZEICHNUNG Erst wird der deutsche Name angegeben, wobei es nicht für alle Vogelspinnen eine umgangssprachliche Bezeichnung gibt. Zu beachten ist, dass einige Vogelspinnen unter verschiedenen deutschen Namen im Handel sind, sodass es leicht zu Verwechslungen kommen kann. Daher sollten Sie sich beim Kauf einer Vogelspinne stets an der wissenschaftlichen Bezeichnung der jeweiligen Art orientieren.

WISSENSCHAFTLICHE BEZEICHNUNG Sie setzt sich aus zwei Teilen zusammen: aus dem Gattungs- und aus dem Artnamen, bei denen es sich normalerweise um lateinische oder griechische Begriffe handelt. Häufig beziehen sich die Namen auf bestimmte Merkmale der Tiere oder auf die Herkunft; manchmal wurden die Tiere aber auch nach einer Person benannt, die sich in irgendeiner Weise um diese Tiergruppe verdient gemacht hat. In Klammern finden Sie die Person oder Personen, von der die Erstbeschreibung der Art stammt sowie die Jahreszahl der Veröffentlichung. Es kann aus unterschiedlichen Gründen vorkommen, dass sich der wissenschaftliche Name ändert. Falls Sie über einen Internet-Anschluss verfügen, können Sie die aktuellen Veränderungen im „World Spider Catalog" verfolgen, der regelmäßig aktualisiert wird: http://research.amnh.org/entomology/spiders/catalog81–87/INTRO1.html.

GRÖSSE Nennt die Körpergröße ohne Beine. Rechnet man die Extremitäten hinzu, muss man den Durchmesser der Tiere mindestens verdoppeln, was bei der Größe des ausgewählten Terrarium zu berücksichtigen ist. Bei vielen Arten sind die Weibchen um einiges größer als die Männchen. In solchen Fällen ist die Größe der Weibchen angebeben.

HERKUNFT UND LEBENSRAUM Hier finden Sie Informationen zur Herkunft und zum Biotop, in dem die Tiere in der Natur vorkommen.

BESCHREIBUNG Unter diesem Punkt sind typische Merkmale einer Art aufgelistet.

HALTUNG Hier finden Sie, als Ergänzung zu den allgemeinen Hinweisen in Kapitel zwei Angaben zur Haltung im Terrarium.

VERMEHRUNG Sofern Informationen zur erfolgreichen Vermehrung im Terrarium vorliegen, sind sie an dieser Stelle aufgeführt.

BEMERKUNGEN Unter diesem Punkt sind Besonderheiten der jeweiligen Art erwähnt.

THEMA BODENBEWOHNER

Acanthoscurria geniculata
(Koch, 1841)

GRÖSSE Bis 9 cm.
HERKUNFT UND LEBENSRAUM Brasilien. Diese Vogelspinne kommt in Regenwaldbiotopen vor, beispielsweise im Amazonasdelta.
BESCHREIBUNG Es handelt sich um eine dunkel gefärbte Art mit langen rötlichen Haaren sowie typischen hellen Beinringen. Der Carapax ist normalerweise hell gesäumt.
HALTUNG Terrarien mit den Mindestmaßen 40 x 30 x 30 cm sowie einer 8–10 cm hohen Bodenschicht aus ungedüngter Blumenerde und Torf, die man zur Hälfte feucht hält, einem stets gefüllten Trinknapf und einem vorgefertigten Versteck. Die optimale Temperatur liegt bei 25–27 °C, die Luftfeuchtigkeit sollte 70–80 % betragen. Anfängern ist die oft etwas unberechenbare Bombadierspinne nicht zu empfehlen.
VERMEHRUNG Die Vermehrung bereitet wenig Probleme. Aus einem Kokon sollen schon über 1000 Jungspinnen geschlüpft sein, die bei guter Fütterung recht schnell wachsen.
BEMERKUNG *A. geniculata* wird auch „Weiße Smithi" genannt, da Größe und Färbung ein wenig an *Brachypelma smithi* erinnern, die aber orangefarbene Beinringe besitzt.

Acanthoscurria musculosa
(Simon, 1892)

GRÖSSE Bis 8 cm.
HERKUNFT UND LEBENSRAUM Argentinien, Bolivien, Brasilien und Paraguay. Diese Art kommt hauptsächlich in Wäldern vor.
BESCHREIBUNG Es handelt sich um Vogelspinnen mit einer dunkelbraunen Grundfärbung und einer hellbraunen Behaarung. Die einzelnen Abschnitte der Gliedmaßen sind durch helle Ringe voneinander abgesetzt.
HALTUNG Terrarien mit den Mindestmaßen 40 x 30 x 30 cm sowie einer 8–10 cm hohen Bodenschicht aus ungedüngter Blumenerde und Torf, die etwa zur Hälfte feucht gehalten wird, einem stets gefüllten Trinknapf und einem vorgefertigten Versteck. Die optimale Temperatur liegt bei 25–27 °C, die Luftfeuchtigkeit sollte 65–80 % betragen. Es handelt sich um lebhafte Tiere, die aber auf Störungen oft aggressiv reagieren, sodass sie Anfängern nur bedingt zu empfehlen sind.
VERMEHRUNG Die Vermehrung bereitet wenig Probleme, denn die Männchen sind bei der Paarung relativ ungefährdet. Der Kokon enthält mehrere hundert Eier; die Jungspinnen schlüpfen nach etwa zwei Monaten.
BEMERKUNG Ursprünglich war die Größe der Tiere mit 5 cm angegeben, aber es scheint deutlich stattlichere Exemplare zu geben.

Zweifarbige Tarantel
Aphonopelma bicoloratum
(Struchen, Brändle, Schmidt, 1996)

GRÖSSE Bis 6 cm.
HERKUNFT UND LEBENSRAUM Mexiko. In trockenem Buschland und in Halbwüsten.
BESCHREIBUNG Die weiblichen Tiere erinnern in ihrer Färbung stark an *Brachypelma boehmei* (◉ Seite 26). Männliche Jungtiere haben an den Beinen und am Körper eine orangefarbene und gelbliche Zeichnung, die sich mit zunehmendem Alter aber verliert, sodass ausgewachsene Männchen normalerweise völlig schwarz aussehen.
HALTUNG Geeignet sind Terrarien für Boden bewohnende Arten mit einer Mindestgröße von 40 x 30 x 30 cm und einer 5–10 cm dicken Bodenschicht aus ungedüngter Blumenerde, die nie ganz austrocknen darf. Die Temperatur sollte zwischen 24 und 29 °C liegen; die Luftfeuchtigkeit bei 70–75 %. Normalerweise ist die Art friedlich, sodass sie sich auch für Anfänger eignet.
VERMEHRUNG Die Vermehrung ist schwierig, sodass es kaum Nachzuchten dieser erst 1996 beschrieben Vogelspinne gibt.
BEMERKUNG Die Art ist manchmal auch als Orangerote Vogelspinne, Orangebein-Vogelspinne oder Rotbein-Vogelspinne im Handel. Der Umstand, dass diese Namen oft auch für *Brachypelma boehmei* oder andere Mitglieder der Gattung *Brachypelma* verwendet werden, erhöht die Verwechslungsgefahr.

Aphonopelma caniceps
(Simon, 1891)

GRÖSSE Bis 6 cm.
HERKUNFT UND LEBENSRAUM Mexiko und Texas. Die Tiere bewohnen trockene Landstriche mit lockerem Bewuchs aus Büschen und kleinen Bäumen. Dort sollen sie relativ viel herumstreifen und sich normalerweise jeden Tag eine neue Wohnröhre bauen – häufig auch in die Äste niedriger Sträucher. Im Terrarium verhalten sich die Tiere aber wie eine Boden bewohnende Art.
BESCHREIBUNG Es handelt sich um eine Vogelspinne mit brauner bis schwarzbrauner Grundfärbung und einer kurzen, schwarzen Behaarung; der Carapax ist goldgelb.
HALTUNG Terrarien mit den Mindestmaßen 40 x 30 x 30 cm und einer 5–10 cm dicken Bodenschicht aus ungedüngter Blumenerde. Die Temperatur sollte zwischen 25 und 28 °C liegen; die Luftfeuchtigkeit bei 60–70 %. Wichtig sind außerdem ein Trinknapf und ein vorgefertigter Unterschlupf, auch wenn der nicht immer angenommen wird. Da die Art ziemlich unberechenbar ist, kann sie Anfängern nicht empfohlen werden.
VERMEHRUNG Die Vermehrung bereitet kaum Probleme. Die 100–150 Jungtiere, die maximal in einem Kokon schlüpfen, wachsen auch bei guter Fütterung recht langsam.
BEMERKUNG Die Art wird manchmal auch als *Eurypelma caniceps* angeboten.

Mexikanische Blond-Vogelspinne
Aphonopelma chalcodes
(Chamberlin, 1940)

GRÖSSE Bis 8 cm.
HERKUNFT UND LEBENSRAUM Arizona, Texas und Mexiko. Die Art kommt in trockenem Buschland und in Halbwüsten vor.
BESCHREIBUNG Diese Vogelspinne hat einen beigefarbenen bis hellbraunen Vorderkörper und ebenso gefärbte Beine; der Hinterkörper ist braun. Typisch sind die langen, „blonden" Haare, denen die Tiere auch ihren umgangssprachlichen Namen verdanken.
HALTUNG Terrarien mit den Mindestmaßen 40 x 30 x 30 cm und einer etwa 10 cm dicken Bodenschicht eines Sand-Torf-Gemisches (70:30). Wichtig ist eine Korkröhre als Versteck und ein stets gefüllter Wassernapf; Temperatur zwischen 25 und 27 °C, die Luftfeuchtigkeit darf nicht zu hoch sein (maximal 60–70 %). Die friedliche Bombardierspinne ist auch Anfängern zu empfehlen.
VERMEHRUNG Die Vermehrung scheint sehr schwierig zu sein, sodass fast ausschließlich Wildfänge im Handel sind.
BEMERKUNG Auch wenn die Art ein ruhiges Wesen hat, sollte man sie nicht mit der Hand einfangen, weil die Tiere sich dadurch leicht bedroht fühlen und dann auch zubeißen. Weibchen sollen ein Alter von bis zu 20 Jahren erreichen.

Gestreifte Guatemala-Vogelspinne
Aphonopelma seemanni
(Cambridge, 1897)

GRÖSSE Bis 8 cm.
HERKUNFT UND LEBENSRAUM Costa Rica, Guatemala, Honduras, Panama über Mexiko und Texas bis Kalifornien. Die Gestreifte Guatemala-Vogelspinne bewohnt unterschiedliche Biotope, besonders häufig ist sie aber auf Grasflächen zu finden.
BESCHREIBUNG Es handelt sich um eine recht kräftige Art, die – je nach Fundort – etwas unterschiedlich gefärbt sein kann. Häufig haben die Tiere eine schwarze Grundfärbung mit langer, rötlicher Behaarung und hellen Längsstreifen auf den Beinen; es gibt aber auch graublaue bis hellbraune Exemplare.
HALTUNG Terrarien mit den Mindestmaßen 40 x 30 x 30 cm und einer 8–10 cm hohen Bodenschicht aus ungedüngter Blumenerde und Torf, die nie ganz austrocknen darf sowie einem stets gefüllten Trinknapf und einem Versteck. Die optimale Temperatur liegt bei 24–28 °C, die Luftfeuchtigkeit bei 70–80 %. Es handelt sich um eine anspruchslose Art, die für Anfänger dennoch ungeeignet ist, weil viele Exemplare unberechenbar sind.
VERMEHRUNG Die Vermehrung ist schwierig, sodass immer noch zahlreiche Wildfänge im Handel sind.
BEMERKUNG Wegen der großen Variationsbreite schlagen einige Experten die Aufteilung in verschiedene Unterarten vor.

Kraushaar-Vogelspinne
Brachypelma albopilosum
(Valerio, 1980)

GRÖSSE Bis 8 cm.
HERKUNFT UND LEBENSRAUM Honduras, Costa Rica, Panama. Die verbreitete Art bewohnt überwiegend Regenwaldbiotope.
BESCHREIBUNG Diese Bombardierspinne, deren Status als eigene Art umstritten ist, besitzt eine dunkelbraune bis schwärzliche Grundfärbung; die langen Haare sind etwas heller und leicht gekräuselt, was den umgangssprachlichen Namen erklärt.
HALTUNG Terrarien mit den Mindestmaßen 40 x 30 x 30 cm und einer etwa 5–10 cm dicken Bodenschicht aus ungedüngter Blumenerde, der man etwas Torf untermischen oder die man mit Moos bedecken kann, damit sie länger feucht bleibt. Die Temperatur sollte 25–28 °C betragen, die Luftfeuchtigkeit ungefähr 70–80 %. Wichtig sind ein Trinknapf, ein Versteck sowie einige Rindenstücke, auf denen die auch für Anfänger geeignete Art herumklettern kann. Eine Bepflanzung mit robusten Kletterpflanzen ist ebenfalls möglich.
VERMEHRUNG Die Vermehrung ist vergleichsweise einfach. Der beste Zeitpunkt für die Paarung liegt etwa vierzehn Tage nach der Häutung des Weibchens.
BEMERKUNG *B. albopilosum* darf nur mit einer CITES-Bescheinigung nach Europa importiert werden (◉ Seite 116).

Goldknie-Vogelspinne
Brachypelma auratum
(Schmidt, 1992)

GRÖSSE Bis 8 cm.
HERKUNFT UND LEBENSRAUM Mexiko. Die Spinne bewohnt selbst gegrabene Wohnröhren – häufig in Wassernähe.
BESCHREIBUNG Die Art erinnert sehr stark an *Brachypelma smithi* (◉ Seite 27), ist aber etwas dunkler gefärbt. Außerdem sind die Bänder an den Beinen nicht orangefarben sondern kräftig rot und und die Beinglieder durch weiße Flecken abgesetzt.
HALTUNG Da die Tiere recht aktiv sind und gern klettern, sollte das Terrarium nicht zu klein und nicht zu niedrig sein. Empfehlenswert ist ein Behälter mit den Mindestmaßen 50 x 40 x 40 cm und einer etwa 10 cm dicken Bodenschicht aus Palmenerde. Die optimale Temperatur liegt bei 25–28 °C, die Luftfeuchtigkeit sollte ungefähr 70–80 % betragen. Die Art gilt als ruhig und pflegeleicht, sodass sie auch Anfängern empfohlen werden kann.
VERMEHRUNG Die Nachzucht ist schwierig, sodass immer noch viele, vergleichsweise teure Wildfänge im Handel sind.
BEMERKUNGEN Die Art wurde früher oft als „Hochlandsmithi" bezeichnet, weil das erste nach Deutschland eingeführte Exemplar im Hochland südlich von Mexiko City gefangen wurde. Auch diese Vogelspinne darf nur mit einer CITES-Bescheinigung nach Europa importiert werden (◉ Seite 116).

Brachypelma boehmei
(Schmidt; Klaas, 1993)

GRÖSSE Bis 8 cm.
HERKUNFT UND LEBENSRAUM Mexiko. Die Art stammt aus sehr heißen Biotopen, wo die Tiere oft lange Wohnröhren graben, um sich vor der sengenden Hitze zu schützen.
BESCHREIBUNG Diese hübsche Vogelspinne besitzt einen schwarz gefärbten Hinterleib und einen beigefarbenen bis bräunlichen Vorderkörper; die Beine sind im unteren Teil orangefarben. Sowohl Abdomen als auch Beine weisen einen dichten Bewuchs mit helleren, leicht gekräuselten Haaren auf.
HALTUNG Terrarien mit den Mindestmaßen 40 x 30 x 30 cm, einer Temperatur von 24–28 °C, einer Luftfeuchtigkeit von ca. 65 % sowie einer 5–10 cm dicken Bodenschicht aus ungedüngter Blumenerde, die nur zum Teil feucht gehalten wird. Es handelt sich um eine etwas unberechenbare Bombardierspinne, die Anfängern nicht zu empfehlen ist.
VERMEHRUNG Die Vermehrung ist nicht besonders schwierig. Ein Kokon kann bis zu 500 Eier enthalten.
BEMERKUNG Erstaunlicherweise wurde diese hübsche und auffällige Art, die leicht mit *Aphonopelma bicoloratum* (◉ Seite 23) verwechselt werden kann, erst 1993 beschrieben. Auch diese Vogelspinne darf nur mit einer CITES-Bescheinigung nach Europa importiert werden (◉ Seite 116).

Orangebein-Vogelspinne
Brachypelma emilia (White, 1856)

GRÖSSE Bis 7 cm.
HERKUNFT UND LEBENSRAUM Costa Rica bis Mexiko. Trockene Biotope in oft höher gelegenen Regionen.
BESCHREIBUNG Diese wunderschöne Art besitzt einen schwarzen Hinterleib mit langen orangefarbenen, rötlichen oder bräunlichen Haaren. Die Beine sind teilweise hellorange, beige oder gelblich, ebenso wie der größte Teil des Carapax.
HALTUNG Terrarien mit den Mindestmaßen 40 x 30 x 30 cm und einer etwa 10 cm dicken Bodenschicht aus ungedüngter Blumenerde, die einem hohen Torfanteil besitzt. Die Temperatur sollte ungefähr 25 °C betragen und die Luftfeuchtigkeit um die 70 %. Außerdem empfiehlt es sich, der für Anfänger ungeeigneten Bombardierspinne eine Korkröhre als Versteck anzubieten, und ein Trinknapf muss ebenso vorhanden sein.
VERMEHRUNG Die Weibchen verhalten sich den Männchen gegenüber oft aggressiv, was die Nachzucht erschwert (das Männchen muss nach der Paarung sofort „gerettet" werden). Der Kokon kann bis zu 800 Eier enthalten. Die Jungtiere wachsen sehr langsam.
BEMERKUNG Auch diese Vogelspinne darf nur mit einer CITES-Bescheinigung nach Europa importiert werden (◉ Seite 116).

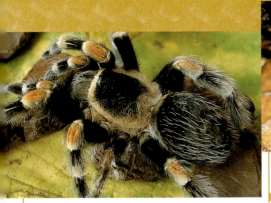

▶ **Schwarzrote Vogelspinne**
Brachypelma vagans (Ausserer, 1875)

▶ **Mexikanische Rotbein-Vogelspinne**
Brachypelma smithi (Cambridge, 1897)

GRÖSSE Bis 9 cm.
HERKUNFT UND LEBENSRAUM Mexiko. Die Art bewohnt überwiegend Trockenbiotope.
BESCHREIBUNG Es handelt sich um eine dunkelbraune bis schwarze Spinne mit braunen bis orangefarbenen Haaren. Besonders auffällig sind die orangerot gebänderten Beine.
HALTUNG Terrarien mit den Mindestmaßen 50 x 40 x 30 cm und einer etwa 5–8 cm dicken Bodenschicht aus Vermiculit oder ungedüngter Blumenerde mit Torf, die nie vollständig austrocknen darf sowie Temperaturen von 24–28 °C und einer Luftfeuchtigkeit zwischen 70–80 %. Die als etwas unberechenbar geltende Bombardierspinne ist für Anfänger nur bedingt geeignet.
VERMEHRUNG Wenn es gelingt, ein geeignetes Paar zu finden, kann die Vermehrung sehr ergiebig sein, denn die Weibchen legen manchmal bis zu 1.000 Eier. Die sehr kleinen Jungtiere schlüpfen nach etwa 10 Wochen und wachsen sehr langsam heran.
BEMERKUNG Die Weibchen dieser Art, die nur mit einer CITES-Bescheinigung nach Europa importiert werden dürfen (◉ Seite 116), können sehr alt werden – wenn man den Berichten besonders glücklicher Vogelspinnenhalter glauben darf, bis zu 30 Jahren.

GRÖSSE Bis 7 cm.
HERKUNFT UND LEBENSRAUM Kolumbien, Guatemala, Costa Rica, Honduras, Mexiko. Die in recht unterschiedlichen Biotopen heimischen Tiere graben lange und tiefe Röhren in den Boden, um darin tagsüber Schutz zu suchen.
BESCHREIBUNG Die kräftige, samtschwarze Art besitzt am Hinterleib lange, rötliche Reizhaare; der Carapax weist zudem einen auffälligen beige- bis orangefarbenen Rand auf.
HALTUNG Terrarien mit den Mindestmaßen 40 x 30 x 30 cm und einer etwa 10 cm dicken, teilweise feucht gehaltenen Bodenschicht aus Vermiculit, torfhaltiger Blumenerde oder einem Gemisch aus Torf und Sand. Die Temperatur sollte zwischen 25 und 28 °C liegen, die Luftfeuchtigkeit bei 70–75 %; Bepflanzung mit robusten Pflanzen ist möglich. Es handelt sich um eine Bombardierspinne, die aber auch für Anfänger geeeignet ist.
VERMEHRUNG Die Weibchen verhalten sich bei der Paarung nicht immer friedlich, aber wenn es gelingt, ein passendes Paar zu finden, bereitet die Nachzucht kaum Schwierigkeiten. Der Kokon enthält normalerweise mehrere hundert Eier, aus denen nach ungefähr 2 Monaten die ersten Jungspinnen schlüpfen.
BEMERKUNG Für die Einfuhr von *Brachypelma vagans* nach Europa ist eine CITES-Bescheinigung erforderlich (◉ Seite 116).

Höcker-Vogelspinne
Ceratogyrus bechuanicus
(Purcell, 1902)

GRÖSSE Bis 5 cm.
HERKUNFT UND LEBENSRAUM Botswana, Simbabwe, Südafrika. Diese Art stammt aus Savannengebieten, wo die Tiere tiefe Röhren in den Boden graben oder auch die Gänge kleiner Säuger nutzen.
BESCHREIBUNG Zur Gattung *Ceratogyrus* gehören drei sehr ähnliche Arten, die hauptsächlich durch die Stellung und Länge des so genannten Horns abgegrenzt werden, einer Struktur in der Thoraxgrube, über deren Funktion nichts bekannt ist. Bei *C. bechuanicus* ist dieses Horn nach hinten abgewinkelt, bei *C. brachycephalus* (Hewitt, 1919) nach vorn, während *C. darlingi* (rechts) ein nur kurzes, nach hinten gekrümmtes Horn besitzt. Die sehr nahe Verwandtschaft zeigt sich auch daran, dass man die erwähnten Arten nicht nur im Terrarium kreuzen kann, sondern dass es sogar in der Natur zur Bastardisierung kommt. Die Weibchen sind grau bis bräunlich, die Männchen dunkelbraun bis schwarz mit einem silbrig glänzenden Vorderkörper. Bei beiden Geschlechtern ist auf dem Abdomen eine dunkle Zeichnung vorhanden, die bei einzelnen Exemplaren etwas variieren kann.
HALTUNG ◉ *Ceratogyrus darlingi* (rechts).
VERMEHRUNG ◉ *Ceratogyrus darlingi* (rechts).

Ceratogyrus darlingi
(Pocock, 1897)

GRÖSSE Bis 7 cm.
HERKUNFT UND LEBENSRAUM Zimbabwe, Mosambik. Lebensraum ◉ *Ceratogyrus bechuanicus*.
BESCHREIBUNG Die oft variierende Grundfärbung dieser Art liegt zwischen grau und braun; auf dem Abdomen ist eine dunkle Zeichnung vorhanden. Die Männchen sind kleiner und zumeist dunkler gefärbt, außerdem haben sie an den Gelenken weiße Ringe. Das Horn ist kurz und nach hinten gekrümmt (◉ *C. bechuanicus*).
HALTUNG Terrarien mit den Mindestmaßen 40 x 30 x 30 cm und einer etwa 10 cm dicken Bodenschicht aus Torf, die man nur zu etwa einem Drittel regelmäßig befeuchten sollte. Die ideale Temperatur liegt zwischen 25–29 °C, die Luftfeuchtigkeit sollte 75 % nicht übersteigen. *C. darlingi* gilt als etwas unberechenbar und aggressiv, sodass sie für Anfänger weniger geeignet ist.
VERMEHRUNG Die Vermehrung ist nicht ganz einfach, weil sich die Weibchen bei der Paarung oft aggressiv verhalten. Der Kokon enthält nur um die 100 Eier; die Jungtiere schlüpfen nach drei bis vier Wochen.
BEMERKUNG Bei dieser Art tragen die Weibchen den Eikokon nicht mit sich herum, sondern hängen ihn im Versteck auf, was für Vogelspinnen eher ungewöhnlich ist.

▶ Chromatopelma cyaneopubescens (Strand, 1907)

GRÖSSE Bis 8 cm.
HERKUNFT UND LEBENSRAUM Venezuela. In Savannenwäldern und trockenem Buschland. Die Tiere, die große Wohngespinste zwischen Pflanzen und Steinen anlegen, sollen in der Natur häufig auch tagsüber auf der Jagd sein.
BESCHREIBUNG Diese außerordentlich attraktive Art, die oft als schönste Vogelspinne der Erde bezeichnet wird, besitzt einen metallisch grün glänzenden Carapax, ein dicht mit langen rötlichen Haaren bedecktes Abdomen und leuchtend blau gefärbte, zumeist kurze gelblich oder hellbraun behaarte Beine. Jungtiere haben außerdem eine auffällige dunkle Zeichnung auf dem Abdomen.
HALTUNG Terrarien mit den Mindestmaßen 40 x 30 x 40 cm und einer etwa 5–10 cm dicken Bodenschicht aus ungedüngter Blumenerde und Torf, die etwa zur Hälfte feucht gehalten wird. Wichtig sind außerdem ein stets gefüllter Trinknapf, ein Versteck sowie Klettermöglichkeiten. Die ideale Temperatur sollte zwischen 25–28 °C, die Luftfeuchtigkeit bei 60–70 % liegen. Es handelt sich um eine für Anfänger ungeeignete Bombardierspinne.
VERMEHRUNG Über Vermehrung und Jungenaufzucht liegen kaum Informationen vor. Die Paarung soll schwierig sein, weil sich die Männchen oft sehr ängstlich verhalten.

▶ Citharischius crawshayi (Pocock, 1900)

GRÖSSE Bis 9 cm.
HERKUNFT UND LEBENSRAUM Kenia, Tansania und Uganda. Die Art stammt aus relativ trockenen Biotopen.
BESCHREIBUNG Besonders auffällig sind die langen, gekrümmten Hinterbeine der Weibchen, die sich besonders gut zum Graben verwenden lassen.
HALTUNG Die sehr versteckt lebende Art braucht ein speziell eingerichtetes Terrarium mit einer sehr dicken Bodenschicht (20–25 cm) aus lehmhaltiger Erde, die nie ganz austrocknen darf. Dadurch bedingt muss das Terrarium sehr hoch sein (mindestens 50 cm); außerdem sollte man den Tieren einen vorgefertigten, unterirdischen Unterschlupf zur Verfügung zu stellen (◉ Seite 71), denn Exemplare, die keine Möglichkeit bekommen, sich unter dem Erdboden zu verkriechen, kümmern häufig und werden zumeist nicht alt. Die Temperatur sollte 25–28 °C betragen, die Luftfeuchtigkeit 60–70 %. Normalerweise halten sich die recht aggressiven, für Anfänger ungeeigneten Spinnen fast ständig in ihrer Wohnröhre auf.
VERMEHRUNG Es gibt einige Meldungen über Zuchterfolge. Danach soll ein Kokon bis zu 1000 Eier enthalten. Die als sehr klein beschriebenen Spiderlinge sollen nur sehr langsam wachsen.

Ephebopus murinus
(Walckenaer, 1837)

GRÖSSE Bis 5 cm.
HERKUNFT UND LEBENSRAUM Brasilien und Französisch Guyana. Diese Vogelspinne findet man nicht nur am Boden, sondern manchmal auch auf Bäumen.
BESCHREIBUNG Die Art erinnert stark an *Aphonopelma seemanni* (⊙ Seite 24), unterscheidet sich aber durch die gut ausgebildeten Haftpolster an den Beinen.
HALTUNG Terrarien mit den Mindestmaßen 40 x 30 x 40 cm sowie einer etwa 10 cm dicken Schicht aus Sand und Torf. Außerdem sollten Klettermöglichkeiten vorhanden sein, etwa einige, an den Scheiben befestigte Korkstücke. Die ideale Temperatur liegt zwischen 25 und 28 °C, die Luftfeuchtigkeit bei 60–70 %. Die außerordentlich flinke Art ist für Anfänger nicht geeignet, auch weil die Tiere ihr Versteck nur selten verlassen.
VERMEHRUNG Die Vermehrung im Terrarium ist schon gelungen, auch wenn Erfolge eher selten sind. Da die Weibchen bei der Paarung recht friedlich sind, kann man die Partner auch einige Tage gemeinsam in einem Paarungsterrarium halten.
BEMERKUNGEN Die Art wird manchmal auch bei den Baum bewohnenden Vogelspinnen eingeordnet. Bei der Haltung im Terrarium verhält sie sich aber normalerweise wie eine terrestrisch lebende Spinne.

Eucratoscelus pachypus
(Schmidt, von Wirth, 1990)

GRÖSSE Bis 4 cm.
HERKUNFT UND LEBENSRAUM Tansania. Das Hauptverbreitungsgebiet dieser Art sind trockene Savannen, wo die Tiere ausgedehnte Gangsysteme im Boden anlegen.
BESCHREIBUNG Typisch für diese braune Art sind die kräftigen, stark behaarten Hinterbeine, die zum Graben benutzt werden.
HALTUNG Terrarien mit den Mindestmaßen 30 x 20 x 30 cm und einer etwa 5–10 cm dicken Schicht aus grobem Sand, der nur zu etwa einem Viertel bis einem Drittel feucht gehalten wird, besonders im Bereich des Unterschlupfes. Der optimale Temperaturbereich liegt zwischen 25 und 28 °C, die Luftfeuchtigkeit sollte 60–70 % betragen. Es handelt sich um eine ziemlich unberechenbare Art, die Anfängern nicht zu empfehlen ist, auch wenn es immer wieder Tiere zu geben scheint, die sich gegenüber ihrem Pfleger ausgesprochen friedlich verhalten.
VERMEHRUNG Berichte über Vermehrung und Jungenaufzucht sind mir nicht bekannt. Eine Schwierigkeit bei der Zucht besteht darin, dass kaum Männchen zu bekommen sind.
BEMERKUNG Von der ähnlich aussehenden *Eucratoscelus longiceps* unterscheidet sich diese Art, die manchmal auch als Hummelvogelspinne angeboten wird, vor allem durch eine zusätzliche Verdickung des Metatarsus am 4. Beinpaar.

▶ **Argentinische Riesenvogelspinne**
Grammostola grossa (Ausserer, 1871)

GRÖSSE Bis 11 cm.
HERKUNFT UND LEBENSRAUM Brasilien, Paraguay, Uruguay, Argentinien. Die Tiere kommen hauptsächlich in Trockensavannen vor.
BESCHREIBUNG Diese Art – eine der größten Vogelspinnen der Erde – zeigt eine bräunliche bis fast schwarze Grundfärbung; ältere Exemplare schimmern manchmal moosgrün. Typisch ist der „Spiegel" aus silbernen Brennhaaren auf dem Abdomen.
HALTUNG Da ausgewachsene Exemplare eine Beinspannweite von über 25 cm erreichen, wird ein großes Terrarium (ab 60 cm Länge und Breite) benötigt. Die 5–10 cm dicke Bodenschicht aus Blumenerde überschichtet man mit Moos oder Eichenlaub; die Temperatur sollte 22–26 °C betragen, die Luftfeuchtigkeit ungefähr 65–75 %. Es handelt sich um eine Bombardierspinne, die sich auch für Anfänger eignet.
VERMEHRUNG Die Vermehrung ist möglich und im Handel werden in den letzten Jahren auch immer wieder Nachzuchten angeboten.
BEMERKUNGEN Diese Vogelspinne hat bezüglich der Namensgebung eine wechselvolle Geschichte hinter sich und auch die momentane Bezeichnung ist nicht unumstritten, sodass weitere Änderungen möglich sind. Weibchen sollen ein Alter von bis zu 25 Jahren erreichen.

▶ **Grammostola pulchra**
(Mello-Leitão, 1921)

GRÖSSE Bis 7 cm.
HERKUNFT UND LEBENSRAUM Brasilien. Diese Vogelspinne kommt vorwiegend in Biotopen mit hoher Luftfeuchtigkeit vor, manchmal aber auch in Städten oder Dörfern.
BESCHREIBUNG Die einfarbige, aber dennoch hübsche Art besitzt eine schwarze Grundfärbung und seidig glänzende Haare.
HALTUNG Terrarien mit den Mindestmaßen 40 x 30 x 30 cm und einer etwa 10 cm dicken Bodenschicht aus ungedüngter Blumenerde, der man etwas Torf untermischen sollte, damit sie länger feucht bleibt, denn der Bodengrund darf nie völlig austrocknen. Außerdem kann man einen Teil des Terrariums mit Moos auslegen, was gleichzeitig zur Erhöhung der Luftfeuchtigkeit beiträgt. Die Temperatur sollte zwischen 25–28 °C liegen, die Luftfeuchtigkeit bei etwa 80–90 %. *Grammostola pulchra* ist eine ruhige, friedliche Art, die man auch Anfängern empfehlen kann.
VERMEHRUNG Die Vermehrung ist nicht schwierig. Normalerweise besteht das Gelege aus einigen hundert Eiern.
BEMERKUNG Für diese Art ist eine hohe Luftfeuchtigkeit besonders wichtig, denn Verluste sind sehr häufig auf zu trockene Bedingungen zurückzuführen.

Rote Chile-Vogelspinne
Grammostola rosea
(Walckenaer, 1837)

GRÖSSE Bis 6 cm.
HERKUNFT UND LEBENSRAUM Argentinien, Bolivien und Chile. Die weit verbreitete Art kommt in recht unterschiedlichen Biotopen vor, etwa in den Randbereichen der Atacama, einer Wüste im nördlichen Chile, aber auch in trockenen Wäldern.
BESCHREIBUNG Diese rötlichbraune Vogelspinne hat eine dichte, helle Behaarung; der Vorderkörper ist rosafarben überlaufen.
HALTUNG Terrarien mit den Mindestmaßen 40 x 30 x 30 cm und einer etwa 10 cm dicken Bodenschicht aus ungedüngter Blumenerde mit einem hohen Torfanteil, die zu etwa zu einem Drittel feucht gehalten wird. Die Temperatur sollte 23–26 °C betragen, die Luftfeuchtigkeit 70–80 %. Es handelt sich um eine friedliche Vogelspinne, die gut für Neueinsteiger geeignet ist, wobei anfangs allerdings eine gewisse Vorsicht geboten ist, denn einigen Exemplaren scheint der gute Ruf der Art völlig „schnuppe" zu sein.
VERMEHRUNG Die Vermehrung bereitet normalerweise wenige Probleme. Der Kokon enthält zumeist mehrere hundert Eier; die Jungtiere schlüpfen nach 8–10 Wochen.
BEMERKUNG Die Art ist oft auch als *G. cala* oder *G. spatulata* im Handel.

Haplopelma albostriatum
(Simon, 1886)

GRÖSSE Bis 6 cm.
HERKUNFT UND LEBENSRAUM Myanmar (Birma), Laos, Thailand, Kambodscha, Vietnam. Diese Vogelspinnen findet man häufig in Bambushainen, aber auch in Reisfeldern.
BESCHREIBUNG Die weit verbreitete, ursprünglich als *Selenocosmia albostriata* beschriebene Art kann recht variabel gefärbt sein. Typisch sind aber die hellen Streifen auf den Beinen und die beigefarbene Behaarung des Cephalothorax und der Beine. Die Männchen sind kleiner und zierlicher gebaut.
HALTUNG Terrarien mit den Mindestmaßen 40 x 30 x 40 cm und einer dicken Bodenschicht aus ungedüngter Blumenerde, der man etwas Torf untermischen sollte, damit sie länger feucht bleibt, denn die Tiere benötigen eine sehr hohe Luftfeuchtigkeit. Die Temperatur sollte 24–27 °C betragen, die Luftfeuchtigkeit 80–85 %. Die sehr flinke Art, die auch vor einem Giftbiss nicht zurückschreckt, ist für Anfänger ungeeignet.
VERMEHRUNG Vor der Paarung muss das Weibchen gut gefüttert werden; außerdem benötigt das Männchen ausreichende Versteckmöglichkeiten. Das Gelege enthält normalerweise etwa 200 Eier.
BEMERKUNGEN In Thailand gilt diese Vogelspinne als Delikatesse.

▶ Blaue Thai-Vogelspinne
Haplopelma lividum (Smith, 1996)

GRÖSSE Bis 6 cm.
HERKUNFT UND LEBENSRAUM Kambodscha, Myanmar (Birma), Thailand und Vietnam. Die Tiere leben zumeist in Regenwäldern, kommen aber auch in Reisfeldern vor.
BESCHREIBUNG Die Weibchen dieser attraktiven Art fallen besonders durch die leuchtend blau gefärbten Beine auf. Die Männchen wirken unscheinbarer; die Behaarung ist bei beiden Geschlechtern samtartig kurz.
HALTUNG Terrarien mit den Mindestmaßen 40 x 30 x 30 cm und einer etwa 10–12 cm dicken Bodenschicht, die zu einem großen Teil feucht gehalten werden muss. Nicht fehlen darf eine Korkröhre als Versteck, auch wenn sich manche Exemplare trotzdem ihren eigenen Unterschlupf graben. In solchen Fällen kann es notwendig sein, ein höheres Terrarium zu verwenden, die Bodenschicht zu erhöhen und ein unterirdisches Versteck anzulegen. Der optimale Temperaturbereich liegt zwischen 26 und 28 °C, die Luftfeuchtigkeit sollte nicht unter 75–85 % fallen. Anfängern ist die sehr flinke und etwas unberechenbare Spinne nicht zu empfehlen.
VERMEHRUNG Bei der erst 1996 beschriebenen Art gibt es inzwischen erste Berichte über eine erfolgreiche Nachzucht. Dennoch sind die meisten im Handel angebotenen Tiere immer noch Wildfänge.

▶ Afrikanische Riesenvogelspinne
Hysterocrates hercules (Pocock, 1899)

GRÖSSE Bis 8 cm.
HERKUNFT UND LEBENSRAUM Ghana, Kamerun, Nigeria. Diese Art – eine der größten Vogelspinnen Afrikas – kommt überwiegend in Regenwäldern vor.
BESCHREIBUNG Die kräftige, einheitlich graubraun gefärbte Spinne beeindruckt vor allem durch ihre beachtlichen Körperausmaße. Das hintere Beinpaar der Weibchen ist etwas dicker und wird zum Graben benutzt.
HALTUNG Terrarien mit den Mindestmaßen 40 x 30 x 40 cm und einer etwa 15 cm dicken Schicht, die aus gleichen Teilen Torf und Sand bestehen sollte und zur Hälfte oder bis zu zwei Dritteln feucht gehalten wird. Die Temperatur sollte 21–26 °C betragen, die Luftfeuchtigkeit etwa 75 %. Es handelt sich um eine versteckt lebende, recht aggressive Art, die Anfängern nicht zu empfehlen ist. Vor einem Angriff lassen die Tiere zumeist laute Stridulationslaute hören.
VERMEHRUNG Die Männchen werden nach der Paarung häufig gefressen, sodass man entsprechende Vorsichtsmaßnahmen ergreifen sollte (◉ Seite 106). Die Zahl der Eier beträgt bis zu 500; die frisch geschlüpften Jungtiere sind sehr klein.
BEMERKUNG Weibchen dieser Art sollen bis 20 Jahre alt werden.

▶ *Lasiodora klugi*
(Koch, 1841)

GRÖSSE Bis 9 cm.
HERKUNFT UND LEBENSRAUM Brasilien. Die Art baut keine Wohnröhren, sondern streift nachts auf der Suche nach Beute umher, was bei der Größe des Terrariums zu berücksichtigen ist.
BESCHREIBUNG Diese Vogelspinne fällt vor allem durch ihre lange, rötliche Hinterleibsbehaarung auf. Das Abdomen zeigt eine schwarze Grundfärbung; Cephalothorax und Beine sind bräunlich.
HALTUNG Terrarien mit den Mindestmaßen 60 x 40 x 40 cm und einer etwa 5–10 cm dicken Bodenschicht aus ungedüngter Blumenerde, die man zu etwa einem Drittel feucht hält. Die Temperatur sollte zwischen 22–26 °C liegen, die Luftfeuchtigkeit bei ungefähr 70 %. Außerdem brauchen die Tiere ein Versteck sowie Klettermöglichkeiten, etwa eine Wurzel oder eine robuste Pflanze, die in aller Regel auch verschont wird. Es handelt sich um eine sehr flinke Bombardierspinne, die für Anfänger weniger geeignet ist.
VERMEHRUNG Es gibt bisher kaum Berichte über erfolgreiche Nachzuchten, sodass hauptsächlich Wildfänge im Handel sind.
BEMERKUNGEN Da es sich um eine sehr große Art handelt, deren Beinspannweite durchaus über 20 cm erreichen kann und die zudem noch sehr aktiv ist, darf das Terrarium keinesfalls zu klein sein.

▶ **Brasilianische Riesenvogelspinne**
Lasiodora parahybana
(Mello-Leitão, 1917)

GRÖSSE Bis 10 cm.
HERKUNFT UND LEBENSRAUM Brasilien. Die Tiere leben in tropischen Regenwäldern, wo sie Wohnröhren in den Boden graben.
BESCHREIBUNG Diese Art hat eine dunkel- bis schwarzbraune Grundfärbung und lange gekräuselte Haare an Beinen und Hinterleib.
HALTUNG Auch diese Art benötigt ein möglichst großes Terrarium, denn ausgewachsene Tiere können eine Beinspannweite von über 20 cm erreichen. Als Untergrund wählt man eine etwa 10 cm dicke Schicht aus einem Torf-Sandgemisch (3:1), die ungefähr zur Hälfte feucht gehalten wird. Die optimale Temperatur sollte zwischen 22–26 °C liegen, die Luftfeuchtigkeit bei 75–85 %. Für Anfänger ist die Art ungeeignet.
VERMEHRUNG Bei dieser Vogelspinne schlüpfen in dem sehr großen Kokon manchmal über 1.000 Jungtiere, für die man schwerlich genug Abnehmer findet. Das Weibchen sollte einige Wochen vor der Paarung besonders gut gefüttert werden.
BEMERKUNGEN Diese Art gehört zu den besonders geschickten „Ausbrechern" unter den Vogelspinnen, sodass man das Terrarium stets gut sichern sollte.

Wallace Tarantel
Lasiodorides striatus
(Schmidt, Antonelli, 1996)

GRÖSSE Bis 10 cm.
HERKUNFT UND LEBENSRAUM Peru. Die Tiere stammen aus Regenwäldern; über ihre Lebensweise in der Natur ist wenig bekannt.
BESCHREIBUNG Diese Art, die auf den ersten Blick aussieht wie eine etwas zu große geratene *Aphonopelma seemanni* (◉ Seite24), hat eine dunkelbraune bis schwarze Grundfärbung mit beige- oder orangefarbenen Streifen auf den Beinen.
HALTUNG Terrarien mit den Mindestmaßen 50 x 40 x 30 cm und einer etwa 10 cm dicken Bodenschicht aus ungedüngter Blumenerde, der man etwa Torf untermischen kann, damit sie länger feucht bleibt. Bei der Temperatur haben sich Werte zwischen 26–29 °C als günstig erwiesen, die Luftfeuchtigkeit sollte zwischen 60 und 80 % liegen. Die sehr große und kräftig gebaute Art gilt als aggressiv und unberechenbar, sodass Anfänger von einem Kauf absehen sollten.
VERMEHRUNG Die Vermehrung ist möglich. Der Kokon enthält zwischen 100–150 Eier.
BEMERKUNGEN Die Art wurde erst vor einigen Jahren gültig beschrieben, war vorher aber schon längere Zeit unter dem Namen *Pamphobeteus wallacei* bekannt (der Name geht auf den Erstimporteur, den Briten Ian Wallace zurück). Manchmal ist die Art auch als Peru-Streifen-Vogelspinne im Handel.

Mexikanische Rotbein-Vogelspinne
Megaphobema mesomelas
(Cambridge, 1892)

GRÖSSE Bis 6 cm.
HERKUNFT UND LEBENSRAUM Costa Rica und Nicaragua. Die Art ist in Bergregionen heimisch, wo ein vergleichsweise raues Klima herrscht (häufige Regenfälle, viel Wind, nicht allzu hohe Temperaturen).
BESCHREIBUNG Diese wunderschöne Vogelspinne besitzt eine schwarze Grundfärbung mit einer auffälligen, orangefarbenen Zeichnung auf den Beinen.
HALTUNG Terrarien mit den Mindestmaßen 40 x 30 x 30 cm und einer etwa 5–10 cm dicken Bodenschicht aus ungedüngter Blumenerde, der man etwas Torf untermischen kann, damit sie länger feucht bleibt. Es handelt sich um eine aggressive, für Anfänger ungeeignete Bombardierspinne, die kühle Temperaturen (nicht über 23 °C) und eine stets optimale Luftfeuchtigkeit von mindestens 75 % benötigt. Bewährt hat sich die Methode, dem Tier eine geräumige Höhle zur Verfügung zu stellen und den Boden darin stets feucht zu halten, damit die Spinne sich jederzeit dorthin zurückziehen kann.
VERMEHRUNG Die Paarung scheitert oft daran, dass die Männchen sehr ängstlich sind.
BEMERKUNGEN Die systematische Stellung dieser Art ist umstritten, sodass man sie in der Literatur manchmal auch in den Gattungen *Brachypelma* oder *Euathlus* findet.

▶ *Megaphobema robustum*
(Ausserer, 1875)

GRÖSSE Bis 8 cm.
HERKUNFT UND LEBENSRAUM Kolumbien. Die Tiere kommen in vergleichsweise trockenen Biotopen vor.
BESCHREIBUNG Die Art hat orangefarbene Beine, einen schwarzen Carapax und ein ebenfalls schwarz gefärbtes Abdomen mit langen orangefarbenen Haaren.
HALTUNG Terrarien mit den Mindestmaßen 40 x 30 x 30 cm und einer etwa 10 cm dicken Bodenschicht eines Sand-Lehm-Gemisches, das nicht austrocknen darf. Die Temperatur sollte 24–28 °C betragen, die Luftfeuchtigkeit ungefähr 75–85 %. Eine Bepflanzung ist nicht zu empfehlen, da die Tiere gern den Boden umwühlen. Manche Exemplare werden leicht nervös und verhalten sich dann häufig ein wenig aggressiv, sodass die Art für Anfänger nur bedingt geeignet ist. Dazu kommt, dass die Spinnen nur selten außerhalb ihres Unterschlupfes zu sehen sind.
VERMEHRUNG Die Weibchen sind sich bei der Paarung zumeist friedlich, und es liegen auch Berichte über die Bildung von Kokons vor, aber meines Wissens noch keine Erfolgsmeldungen über gelungene Nachzuchten.
BEMERKUNGEN Diese hübsche Art ist leider nicht allzu häufig im Handel zu finden – sicher auch eine Folge der schwierigen Nachzucht.

▶ **Kolumbianische Riesenvogelspinne**
Pamphobeteus ornatus
(Pocock, 1903)

GRÖSSE Bis 10 cm.
HERKUNFT UND LEBENSRAUM Kolumbien. Diese Vogelspinne kommt hauptsächlich in feuchtwarmen Regenwäldern vor.
BESCHREIBUNG Die große, beeindruckende Art hat eine bräunliche Grundfärbung, wobei das Abdomen zumeist etwas dunkler ist als der Vorderkörper. Sowohl Hinterleib als auch Beine sind lang behaart.
HALTUNG Terrarien mit den Mindestmaßen 50 x 30 x 30 cm und einer etwa 10 cm dicken Bodenschicht aus gleichen Teilen Torf und Sand, die stets feucht gehalten wird. Die Temperatur sollte 25–28 °C betragen, die Luftfeuchtigkeit zwischen 75 und 85 %. Es handelt sich um eine etwas unberechenbare Bombardierspinne, die Anfängern nur bedingt zu empfehlen ist.
VERMEHRUNG Die Vermehrung bereitet wenig Probleme, sodass Nachzuchten regelmäßig im Handel erhältlich sind. Die Zahl der Eier beträgt bis zu 500; Jungspinnen haben eine auffällige Zeichnung auf dem rötlichen Abdomen.
BEMERKUNG Die Art hat eine starke Ähnlichkeit mit *P. insignis*, die auch im gleichen Gebiet vorkommt. Letztere ist aber etwas kleiner; außerdem sind Vorderbeine, Taster, Cheliceren und Carapax rosa überlaufen.

Haiti-Vogelspinne
Phormictopus cancerides
(Latreille, 1806)

GRÖSSE Bis 7 cm.
HERKUNFT UND LEBENSRAUM Westindische Inseln bis Brasilien. Diese Art lebt vorzugsweise in mäßig feuchten, mit Sträuchern bewachsenen Biotopen.
BESCHREIBUNG Diese schlanke Spinne hat eine rötliche bis braune Färbung und einen metallisch glänzenden Carapax. Erkennbar sind die Tiere auch daran, dass das letzte Beinpaar deutlich länger ist als das vorletzte.
HALTUNG Terrarien mit den Mindestmaßen 40 x 30 x 40 cm. Viele Exemplare graben nicht, sondern begnügen sich mit einem vorgefertigten Versteck aus Korkrinde; andere wollen unbedingt einen Unterschlupf im Boden anlegen, sodass man ihnen eine dicke Schicht (10–15 cm) eines Sand-Lehm-Gemisches zur Verfügung stellen muss. Für alle anderen reicht eine etwa 5–10 cm dicke Schicht aus ungedüngter Blumenerde, die man mit ein wenig Eichenlaub abdecken kann und nur zur Hälfte feucht hält. Die Temperatur sollte 23–27 °C betragen, die Luftfeuchtigkeit 65–75 %. Es handelt sich um eine unberechenbare, für Anfänger ungeeignete Bombardierspinne.
VERMEHRUNG Die Vermehrung ist nicht besonders schwierig. Aus den bis zu 200 Eiern schlüpfen nach 8–10 Wochen nur etwa 5 mm große, anfangs blauschwarz gefärbte Jungspinnen.

Mombasa-Vogelspinne
Pterinochilus murinus (Pocock, 1897)

GRÖSSE Bis 6 cm.
HERKUNFT UND LEBENSRAUM Tansania, Kenia, Mosambik und Sambia. Diese Art kommt v.a. in feuchten Wäldern vor.
BESCHREIBUNG Diese Vogelspinne besitzt zumeist eine gelbliche Grundfärbung mit dunklen Streifen und Punkten, die auf dem Carapax oft sternförmig angeordnet sind; es gibt aber Exemplare, die rötlich, orange oder bräunlich gefärbt sind.
HALTUNG Terrarien mit den Mindestmaßen 40 x 30 x 30 cm und einer etwa 5–10 cm dicken Bodenschicht aus ungedüngter Blumenerde, der man etwa Torf untermischen kann, damit sie länger feucht bleibt. Wichtig ist ein geeignetes Versteck, das häufig in ein dichtes Gespinst eingehüllt wird. Manche Exemplare graben sich aber auch Gänge in den Untergrund. In diesem Fall muss die Bodenschicht deutlich dicker sein. Die Temperatur sollte etwa 25–26 °C betragen, die Luftfeuchtigkeit darf nicht unter 70–80 % sinken. Für Anfänger ist die Art ungeeignet.
VERMEHRUNG Die Vermehrung bereitet keine großen Schwierigkeiten, auch, weil sich die Weibchen den Männchen gegenüber recht friedlich verhalten. Ein Gelege besteht normalerweise aus 100–150 Eiern.

Riesenvogelspinne
Theraphosa blondi (Latreille, 1804)

GRÖSSE Bis 12 cm.

HERKUNFT UND LEBENSRAUM Venezuela, Brasilien und Guayana. Die Art kommt hauptsächlich in Regenwäldern vor, wo sie Wohnröhren in den Boden gräbt, aber häufig auch Bauten anderer Tiere als Unterschlupf benutzt.

BESCHREIBUNG Diese Vogelspinne fällt besonders durch ihre beeindruckenden Ausmaße auf, denn die Färbung ist eher unauffällig rost- bis kastanienbraun. Die Männchen sind normalerweise etwas kleiner und dunkler gefärbt als die Weibchen.

HALTUNG Da die Weibchen dieser Art eine Beinspannweite von über 30 cm und ein Gewicht von bis zu 160 g erreichen können, ist ein großes Terrarium notwendig. Empfehlenswert sind Behälter mit den Mindestmaßen 60 x 50 x 40 cm. Der Boden sollte etwa 10–15 cm dick mit einem Gemisch aus Palmerde und Torf bedeckt werden, auf die noch eine dünne Schicht aus trockenem Buchen- oder Eichenlaub kommt. Die ideale Temperatur liegt bei 25–28 °C; die Luftfeuchtigkeit muss sehr hoch sein (85–95 %), wobei es aber nicht zu Staunässe kommen darf, weil sonst Pilzbefall droht. Daher ist es wichtig, stets für eine gute Belüftung zu sorgen. Die Riesenvogelspinne ist eine Bombardierspinne, die vor dem Abstreifen der Brennhaare laute Warnlaute erzeugt. Die meisten Exemplare sind etwas aggressiv und unberechenbar. Daher muss man diese Art, die zu den größten Vogelspinnen der Erde gehört, mit sehr viel Umsicht behandeln und man sollte auch nie mit ungeschützten Händen im Terrarium hantieren (ein Anfassen der Tiere verbietet sich angesichts der Größe fast von selbst). Und auch wenn diese Riesen-Vogelspinnen wegen ihrer imposanten Erscheinung gerade auf Anfänger einen starken Reiz ausüben, ist die Art nur erfahrenen Haltern zu empfehlen.

VERMEHRUNG Die Nachzucht ist möglich, wenn auch nicht ganz einfach. Bei der Paarung sind die Weibchen weniger aggressiv als man aufgrund ihres sonstigen Verhaltens erwarten sollte. Der Kokon kann bis zu 100–150 Eier enthalten; die Jungen sind beim Schlüpfen bereits etwa 1,5–2 cm groß! Dennoch ist ihre Aufzucht recht schwierig, sodass es fast immer zu Verlusten kommt.

BEMERKUNGEN Die stets hungrige Riesenvogelspinne benötigt große Futtertiere, etwa Heuschrecken oder Jungmäuse. Weibchen können bis zu zwölf Jahre alt werden. Bei einigen indianischen Ureinwohnern Südamerikas gilt die Art als Delikatesse.

Vitalius wacketi
(Mello-Leitão, 1923)

GRÖSSE Bis 9 cm.
HERKUNFT UND LEBENSRAUM Brasilien. Die Art kommt hauptsächlich in Wäldern vor.
BESCHREIBUNG Diese kräftig gebaute Bombardierspinne hat eine rotbraune bis bräunliche Färbung mit hellen Streifen auf den Beinen. Jungtiere besitzen einen orangefarbenen Hinterleib mit einer schwarzen Zickzack-Zeichnung und bläuliche Beine.
HALTUNG Terrarien mit den Mindestmaßen 50 x 40 x 30 cm und einer etwa 5–10 cm dicken Bodenschicht aus ungedüngter Blumenerde, der man etwas Torf untermischen kann, damit sie länger feucht bleibt. Die Temperatur sollte 25–28 °C betragen, die Luftfeuchtigkeit 65–80 %. Es handelt sich um eine sehr aktive Spinne, die sich häufig außerhalb ihres Verstecks sehen lässt. Die Haltung ist nicht besonders schwierig, sodass die Art auch für Anfänger geeignet ist.
VERMEHRUNG Die Nachzucht ist nicht ganz einfach. Die Partner sollten ein bis zwei Tage zusammenbleiben, damit auch tatsächlich eine Verpaarung erfolgt. Die Zahl der Eier beträgt selten mehr als 100; die Jungtiere schlüpfen nach 7–9 Wochen und sind dann zumeist schon sehr groß (über 1,5 cm).
BEMERKUNGEN Die Art ist häufig auch als *Pamphobeteus platyomma* oder *Vitalius platyomma* im Handel.

Xenesthis immanis
(Ausserer, 1875)

GRÖSSE Bis 10 cm.
HERKUNFT UND LEBENSRAUM Panama bis Venezuela. Diese Art kommt in feuchten Wäldern vor.
BESCHREIBUNG Diese große und gleichzeitig wunderschöne Vogelspinne besitzt eine samtartige schwarze Grundfärbung und einen rötlich schimmernden, hübsch gemusterten Carapax; die Männchen sind oft heller gefärbt und weniger hübsch gezeichnet.
HALTUNG Da Weibchen eine Beinspannweite von fast 25 cm haben können, ist ein großes Terrarium (Mindestmaße 60 x 40 x 40 cm) mit einer etwa 10 cm dicken Bodenschicht aus ungedüngter Blumenerde und Torf, die etwa zur Hälfte feucht gehalten wird, notwendig. Die Temperatur sollte 25–28 °C betragen, die Luftfeuchtigkeit 70–80 %. Bei dieser Vogelspinne handelt es sich um eine recht aggressive, sehr schnelle Bombardierspinne, die für Anfänger ungeeignet ist.
VERMEHRUNG Es gibt kaum Berichte über erfolgreiche Nachzuchten, sodass vermutlich fast alle im Handel angebotenen Exemplare (nicht ganz billige) Wildfänge sind.
BEMERKUNGEN Angeblich teilt diese Vogelspinne in der Natur ihren Unterschlupf häufig mit bestimmten Fröschen, die weder vertrieben noch gefressen werden – möglicherweise, weil die Amphibien einen gewissen Schutz vor Ameisen bieten.

THEMA BAUMBEWOHNER

▶ *Avicularia aurantiaca*
(Bauer, 1996)

GRÖSSE Bis 7 cm.
HERKUNFT UND LEBENSRAUM Peru. Die Art ist in Regenwäldern heimisch. Über die genaue Lebensweise ist wenig bekannt.
BESCHREIBUNG Diese Spinne ist oberseits dunkelbraun und unterseits schwarz gefärbt. Typisch sind die gelblichen bis orangefarbenen Ringe an den lang behaarten Beinen und die dicken rötlichen Haftpolster. Bei den Männchen sind nach der Reifehäutung keine Beinringe mehr vorhanden.
HALTUNG Terrarien mit den Mindestmaßen 40 x 30 x 50 cm und einer Bodenschicht, die zum Teil aus Torf besteht, damit die Feuchtigkeit besser gehalten wird. Nicht fehlen dürfen Klettermöglichkeiten, etwa ein Ast, eine Wurzel, ein alter Rebstock oder einige große, aufrecht stehende Rindenstücke. Die Temperatur sollte etwa 24–27 °C betragen, die Luftfeuchtigkeit 70–80 %. Es handelt sich um eine ruhige Art, die allerdings Brennhaare besitzt und diese bei einer vermeintlichen Bedrohung zumeist auch schnell abstreift.
VERMEHRUNG Über Zuchterfolge ist wenig bekannt. Vermutlich sind die meisten im Handel erhältlichen Exemplare Wildfänge.
BEMERKUNGEN Die Art ist manchmal noch unter ihrem alten Namen *Avicularia magdalenae* im Handel.

▶ **Gemeine Vogelspinne**
Avicularia avicularia (Linnaeus, 1758)

GRÖSSE Bis 7 cm.
HERKUNFT UND LEBENSRAUM Nördliches Südamerika und Südkaribik.
BESCHREIBUNG Die Grundfärbung der Spinne ist schwarz; die Fußspitzen sind beim Weibchen rosafarben, beim Männchen zumeist rötlich. Die rosa gefärbten Jungtiere haben normalerweise dunkle Fußspitzen.
HALTUNG Terrarien mit den Mindestmaßen 40 x 30 x 50 und einer Bodenschicht, die zum Teil aus Torf besteht, damit die Feuchtigkeit besser gehalten wird. Wichtig sind außerdem Klettermöglichkeiten, etwa ein Ast, eine Wurzel oder einige große, an die Wand gelehnte Rindenstücke, hinter denen sich die Spinne auch verstecken kann. Die Temperatur sollte etwa 27–28 °C betragen; die Luftfeuchtigkeit darf mit 75–85 % nicht zu gering sein. Wichtig ist aber auch eine gute Luftzirkulation, damit es nicht zu Staunässe kommt. Es handelt sich um eine robuste, kaum aggressive Art, die auch für Anfänger geeignet ist.
VERMEHRUNG Die Vermehrung ist recht einfach. Der Kokon für die bis zu 200 Eier wird in der sehr festen Wohnröhre abgelegt.
BEMERKUNGEN Beim Öffnen des Terrariums ist Vorsicht geboten, denn die Tiere können bis zu 30 cm weit springen.

Rotfuß-Vogelspinne
Avicularia metallica (Ausserer, 1875)

GRÖSSE Bis 7 cm.
HERKUNFT UND LEBENSRAUM Mittelamerika bis Ecuador und Nordbrasilen. Außer in Wäldern findet man die Tiere oft auch in Obstplantagen. Verglichen mit anderen Vogelspinnen ist die Art nicht besonders sesshaft.
BESCHREIBUNG Diese Spinne verdankt ihren umgangssprachlichen Namen den rosa bis rötlichen Enden der Tarsen; die wissenschaftliche Bezeichnung bezieht sich auf die metallisch blaue Grundfärbung, die nach der Häutung besonders ausgeprägt ist. Später dunkeln die Tiere nach und sehen dann fast schwarz aus. Jungtiere haben ein rot und schwarz gemustertes Abdomen.
HALTUNG Terrarien mit den Mindestmaßen 40 x 40 x 50 cm und einer etwa 5–10 cm dicken Bodenschicht aus Blumenerde, der man etwas Torf untermischen kann, damit sie länger feucht bleibt. Notwendig sind außerdem einige Klettermöglichkeiten (◉ *Avicularia aurantiaca*); die Temperatur sollte 26–29 °C betragen, die Luftfeuchtigkeit 75–85 %. Es handelt sich um eine friedliche Art, die auch für Anfänger geeignet ist.
VERMEHRUNG Die Vermehrung ist vergleichsweise einfach. Der Kokon kann bis zu 200 Eier enthalten, die etwa 6–8 Wochen nach der Paarung abgelegt werden.

Avicularia minatrix
(Pocock, 1903)

GRÖSSE Bis 4 cm.
HERKUNFT UND LEBENSRAUM Venezuela. Diese Regenwald-Art versteckt sich gern in Baumhöhlen; man findet sie aber manchmal auch in den Blattrosetten von Bromelien.
BESCHREIBUNG Die Färbung dieser Vogelspinne ist rosa bis rötlich oder hellbraun; auf dem Abdomen ist eine Zeichnung aus schwarzen Streifen vorhanden.
HALTUNG Terrarien mit den Mindestmaßen 30 x 20 x 40 cm und einer Bodenschicht, die zum Teil aus Torf besteht, damit die Feuchtigkeit besser gehalten wird. Wichtig sind Klettermöglichkeiten sowie eine aufrecht stehende und an der Rückwand befestigte, unten offene und oben abgedeckte Korkröhre mit einem nicht zu großen Durchmesser, die von der Spinne als Unterschlupf genutzt werden kann. Die Temperatur sollte etwa 25–28 °C betragen, die Luftfeuchtigkeit muss mit 75–85 % recht hoch sein. Wichtig ist aber gleichzeitig eine gute Belüftung, weil die Tiere sehr empfindlich auf Staunässe reagieren. Es handelt sich um eine ruhige, Art, die auch Anfängern zu empfehlen ist.
VERMEHRUNG Das Gelege enthält zumeist nur etwa 50 Eier; Jungspinnen benötigen möglichst kleine Futtertiere, etwa Taufliegen oder Springschwänze (◉ Seite 82–83).

Avicularia versicolor
(Walckenaer, 1837)

GRÖSSE Bis 6 cm.
HERKUNFT UND LEBENSRAUM Guadeloupe und Martinique. Die Art wurde bisher ausschließlich in den Regenwäldern der beiden genannten Karibikinseln gefunden.
BESCHREIBUNG Die Tiere haben einen rosafarben bis bräunlich gefärbten Abdomen; der Rest des Körpers ist blau-schwarz, sieht man einmal von den untersten Beingliedern ab, die oft violett überlaufen sind. Jungspinnen zeigen eine leuchtend blaue Färbung mit einer dunklen Zeichnung auf dem Abdomen.
HALTUNG Terrarien mit den Mindestmaßen 40 x 30 x 50 cm und einer Bodenschicht, die zum Teil aus Torf bestehen sollte. Auf Pflanzen sollte man verzichten, da diese oft eingesponnen werden und dann schnell absterben. Wichtig sind aber andere Klettermöglichkeiten, in denen die Spinnen ihre Wohngespinste errichten können. Die Temperatur sollte etwa 25–28 °C betragen, die Luftfeuchtigkeit muss mit 75–85 % recht hoch sein. Wichtig ist aber eine gute Belüftung, weil die auch auch Anfängern zu empfehlende Art empfindlich auf Staunässe reagiert.
VERMEHRUNG Die Tiere dürfen bei der Paarung nicht unbeaufsichtigt bleiben. Der Kokon kann mehrere hundert Eier enthalten; die Jungtiere wachsen bei guter Fütterung vergleichsweise schnell heran.

Heteroscodra maculata
(Pocock, 1899)

GRÖSSE Bis 7 cm.
HERKUNFT UND LEBENSRAUM West- und Zentralafrika. Die Art bevorzugt feuchtwarme Regenwälder.
BESCHREIBUNG Das auffälligste Merkmal dieser hellbraunen Vogelspinne ist die wunderschöne grau-schwarze Körperzeichnung.
HALTUNG Terrarien mit den Mindestmaßen 40 x 30 x 50 cm und einer Bodenschicht, die zum Teil aus Torf besteht, damit die Feuchtigkeit besser gehalten wird. Nicht fehlen dürfen Klettermöglichkeiten, die oft innerhalb kürzester Zeit mit einem dichten Gespinst überzogen werden. Jungtiere nehmen auch gern vorgefertigte Verstecke am Boden an. Die Temperatur sollte etwa 24–27 °C betragen, die Luftfeuchtigkeit 70–80 %. Es handelt sich um eine ruhige Art, die allerdings Brennhaare besitzt und diese bei einer vermeintlichen Bedrohung auch ohne Zögern einsetzt. Vor einem Kontakt mit den unangenehmen Reizhaaren sollte man sich auch bei der Handhabung der Exuvien hüten.
VERMEHRUNG Die Vermehrung im Terrarium ist möglich und es sind auch immer wieder Nachzuchten im Handel. Die Paarung soll friedlich verlaufen; der Kokon kann bis zu 300 Eier enthalten. Wie bei den meisten Baumbewohnern wird die Geschlechtsreife schon nach weniger als zwei Jahren erreicht.

▶ Poecilotheria formosa
(Pocock, 1899)

GRÖSSE Bis 6 cm.
HERKUNFT UND LEBENSRAUM Südindien. Die Art kommt in tropischen Wäldern vor, wo sie gern in Baumhöhlen Unterschlupf sucht.
BESCHREIBUNG Die Grundfärbung dieser Vogelspinne ist braun; auf Vorder- und Hinterkörper sowie Beinen kann man normalerweise eine helle Zeichnung erkennen.
HALTUNG Terrarien mit den Mindestmaßen 40 x 40 x 50 cm und einer etwa 5 cm dicken Bodenschicht aus ungedüngter Blumenerde, der man etwas Torf untermischen oder die man mit einer Moosschicht bedecken sollte, damit sie länger feucht bleibt. Als Unterschlupf kann ein Vogelnistkasten dienen, der möglichst oben im Behälter angebracht wird; außerdem müssen Klettermöglichkeiten und ein Wasserschälchen vorhanden sein. Die empfohlene Temperatur beträgt 26–30 °C; die Luftfeuchtigkeit sollte im Bereich von 70–80 % liegen und durch regelmäßiges Sprühen aufrecht erhalten werden. Eine sehr flinke und etwas unberechenbare Spinne, die für Anfänger ungeeignet ist.
VERMEHRUNG Die Art soll bereits nachgezüchtet worden sein; Details sind mir allerdings nicht bekannt. Jungtiere sind hellbraun mit einer dunklen Zeichnung.
BEMERKUNGEN Weibchen können ein Alter von bis zu zwölf Jahren erreichen.

▶ Ornament-Baumvogelspinne
Poecilotheria ornata (Pocock, 1899)

GRÖSSE Bis 9 cm.
HERKUNFT UND LEBENSRAUM Sri Lanka. Die Art kommt in Bergwäldern vor, wo man sie häufig in Baumhöhlen findet.
BESCHREIBUNG Typisch für diese Vogelspinne ist die vielgestaltige grau-schwarze Zeichnung auf Abdomen und Cephalothorax und die leuchtend gelb gefärbte Unterseite der Vorderbeine und Taster. Die Cheliceren und Taster sind zumeist dicht mit kurzen, roten Haaren bedeckt.
HALTUNG Terrarien mit den Mindestmaßen 40 x 40 x 50 cm und einer ca. 5–10 cm dicken Bodenschicht aus Blumenerde, der man etwas Torf untermischen sollte, damit sie länger feucht bleibt; als Unterschlupf kann ein Vogelnistkasten dienen. Da die etwas aggressive Art in höheren Lagen heimisch ist, darf die Temperatur nicht höher als 24 °C sein; die Luftfeuchtigkeit sollte 75–80 % betragen.
VERMEHRUNG Da die Eier häufig aufgefressen werden, empfiehlt es sich, den Kokon nach etwa drei Wochen in einen gesonderten Behälter umzusetzen, in dem die Temperatur mit 25–26 °C ein wenig höher sein sollte als im normalen Terrarium.
BEMERKUNGEN In der Natur sollen Exemplare dieser Art häufig sehr nah beieinander leben und es gibt auch Terrarianer, die mehrere Tiere gemeinsam in einen großen Behälter mit mehreren Verstecken halten.

Tigervogelspinne
Poecilotheria regalis (Pocock, 1899)

GRÖSSE Bis 8 cm.
HERKUNFT UND LEBENSRAUM Südwestindien und Sri Lanka. Die Art kommt in Regenwäldern vor, wo manchmal mehrere Exemplare gemeinsame Baumhöhlen bewohnen.
BESCHREIBUNG Diese Vogelspinne gehört sicher zu den schönsten Baum bewohnenden Arten, denn Körper und die Oberseite der Beine sind ornamentartig schwarz-weiß gezeichnet, während die Unterseite der Beine ein leuchtend gelbes Muster aufweist.
HALTUNG Terrarien mit den Mindestmaßen 40 x 40 x 50 cm und einer etwa 5 cm dicken Bodenschicht aus ungedüngter Blumenerde, der man etwa Torf untermischen sollte, damit sie länger feucht bleibt. Außerdem kann man eine zusätzliche Schicht Moos einbringen, um für die notwendige hohe Luftfeuchtigkeit zu sorgen. Wichtig sind Klettermöglichkeiten; als Versteck kann ein Vogelnistkasten dienen. Die Temperatur sollte 25–28 °C betragen, die Luftfeuchtigkeit 80–95 %. Für Einsteiger ist die Art weniger gut geeignet.
VERMEHRUNG Die Paarung verläuft zumeist friedlich. Der Kokon kann bis zu 200 Eier enthalten; die Jungspinnen wachsen schnell.
BEMERKUNGEN Von den ähnlichen Arten *P. fasciata*, *P. ornata* und *P. subfusca* lässt sich die Tigervogelspinne an dem hellen Streifen auf der Abdomenunterseite unterscheiden.

Psalmopoeus cambridgei
(Pocock, 1899)

GRÖSSE Bis 7 cm.
HERKUNFT UND LEBENSRAUM Trinidad. Die Art versteckt sich besonders gern in Baumhöhlen; man findet sie aber auch in selbstgesponnenen Wohnröhren – manchmal sogar an Hauswänden.
BESCHREIBUNG Die grau bis hellbraun gefärbte Spinne lässt sich gut an dem orangefarbenen Streifen am unteren Ende der Beine sowie an einem dunklen Streifen, der sich über das Abdomen erstreckt, erkennen.
HALTUNG Terrarien mit den Mindestmaßen 40 x 40 x 50 cm und einer etwa 5 cm dicken Bodenschicht aus ungedüngter Blumenerde, der man etwas Torf untermischen kann, damit sie länger feucht bleibt. Wichtig sind ausreichend Klettermöglichkeiten, die Temperatur sollte 25–28 °C betragen, die Luftfeuchtigkeit 70–80 %. Für Anfänger ist die Art ungeeignet.
VERMEHRUNG Die Vermehrung bereitet wenig Probleme. Normalerweise kann das Männchen zum Weibchen gesetzt werden und dort einige Zeit bleiben. Der Kokon enthält bis zu 200 Eier; die schlüpfenden Jungtiere sind bereits ziemlich groß.
BEMERKUNGEN Da *Psalmopoeus cambridgei* ihre Wohngespinste gern an der Decke des Terrariums befestigt, sind von oben zu öffnende Behälter für die Haltung ungeeignet.

▶ **Venezuela-Ornament-Vogelspinne**
Psalmopoeus irminia (Saager, 1994)

GRÖSSE Bis 6 cm.
HERKUNFT UND LEBENSRAUM Venezuela. Die Art kommt hauptsächlich in Waldgebieten des Orinokodeltas vor.
BESCHREIBUNG Hübsche Weibchen mit einer schwarzen Grundfärbung mit einem auffälligen orangefarbenen Muster auf dem Abdomen und orangefarbenen Streifen an den Beinen. Die weniger farbenprächtigen Männchen erinnern an *Psalmopoeus cambridgei*.
HALTUNG Terrarien mit den Mindestmaßen 40 x 40 x 50 cm und einer etwa 5 cm dicken Bodenschicht aus ungedüngter Blumenerde, der man etwas Torf untermischen kann, damit sie länger feucht bleibt. Wichtig sind ausreichend Klettermöglichkeiten, an denen die Tiere ihr Wohngespinst errichten können; außerdem kann das Terrarium bepflanzt werden. Die Temperatur sollte 24–28 °C betragen, die Luftfeuchtigkeit 75–85 %. Die Art ist sehr schnell und etwas unberechenbar, sodass sie für Anfänger weniger geeignet ist.
VERMEHRUNG Die Männchen sind bei der Paarung stark gefährdet, sodass man Vorkehrungen zu ihrem Schutz treffen muss (◉ Seite 109). Der Kokon kann bis zu 200 Eier enthalten; die schnell wachsenden Jungspinnen können schon nach ungefähr einem Jahr geschlechtsreif sein.

▶ **Leoparden-Vogelspinne**
Stromatopelma calceatum (Fabricius, 1793)

GRÖSSE Bis 7 cm.
HERKUNFT UND LEBENSRAUM Westafrika. Die Tiere erreichten ihre großen Wohngespinste gern in Sträuchern.
BESCHREIBUNG Die schlanke Art besitzt eine beigefarbene bis bräunliche Grundfärbung mit einer hübschen dunklen Zeichnung. Besonders die vorderen Beinpaare weisen zudem eine lange, seitliche Behaarung auf, sodass sie ein wenig platt gedrückt wirken.
HALTUNG Terrarien mit den Mindestmaßen 40 x 40 x 50 cm und einer etwa 5 cm dicken Bodenschicht aus ungedüngter Blumenerde. Nicht fehlen dürfen Klettermöglichkeiten, an denen zumeist die Wohngespinste befestigt werden. Manche Exemplare beziehen aber auch gern Korkröhren auf dem Boden. Die Temperatur sollte 25–28 °C betragen, die Luftfeuchtigkeit 60–75 %. Es handelt sich um eine flinke, ziemlich unberechenbare Art, die für Anfänger ungeeignet ist.
VERMEHRUNG Normalerweise kann man das Männchen einige Tage mit einem gut genährten Weibchen zusammensetzen. Der Kokon enthält bis zu 200 Eier, aus denen nach etwa 6–8 Wochen die Jungspinnen schlüpfen.
BEMERKUNGEN Von dieser Vogelspinne gibt es eine Subspezies, die *S. calceatum griseipes* (Pocock, 1897) genannt wird.

- **Vorüberlegungen**
  48–49
- **Das richtige Terrarium**
  50–56
- **Einrichten des Terrariums**
  57–65
- **Pflanzen im Terrarium**
  66–69
- **Einrichtungsvorschläge**
  70–71
- **Kauf der Vogelspinnen**
  72–74
- **Die richtige Art auswählen**
  75

THEMA VOGELSPINNEN- UND TERRARIENKAUF

THEMA — VORÜBERLEGUNGEN

Wie bei der Anschaffung eines jeden Haustieres, gibt es auch vor dem Kauf von Vogelspinnen einiges zu bedenken. Lassen Sie sich für diese Überlegungen etwas Zeit, denn Sie entscheiden sich für ein Tier, das vielleicht zehn oder mehr Jahre auf ihre Fürsorge angewiesen ist.

Vor dem Kauf bedenken

Darf ich Vogelspinnen halten?
Vogelspinnen gehören als Exoten zu den Kleintieren, deren Haltung der Vermieter untersagen kann. Daher sollten Sie, sofern Sie in einer Mietwohnung leben, unbedingt die Genehmigung des Wohnungseigentümers einholen und sich möglichst auch mit den Nachbarn absprechen, damit es hinterher keine Probleme gibt (◉ Seite 117). Auch Besitzer einer Eigentumswohnung müssen die sog. Wohlverhaltensklausel (§ 15 Wohnungseigentumsgesetz) beachten, die verlangt, unzumutbare Belästigungen der anderen Wohnungseigentümer zu vermeiden.

Habe ich ausreichend Platz?
Die Unterbringung von Vogelspinnen selbst in kleineren Wohnungen ist meist kein Problem, denn der Platzbedarf ist vergleichsweise gering. Sollen mehrere Tiere gehalten werden, von denen ja jedes sein eigenes Terrarium benötigt, ist allerdings schon einiges an Stellfläche nötigt. Außerdem ist es oft sinnvoll, sich das Futter für seine Pfleglinge selbst heranzuziehen. Und für die Anzuchtbehälter der Futtertiere muss ebenfalls ein geeigneter Platz gefunden werden, der, da die Zucht einiger Insekten – besonders im Sommer – eine nicht unbeträchtliche Geruchsbelästigung darstellen kann, bestimmte Anforderungen erfüllen sollte (außerhalb des Wohnbereichs, gute Lüftungsmöglichkeit etc.).

Habe ich genug Zeit für die Pflege?
Die meisten Arten müssen nur einmal die Woche gefüttert werden und auch die Pflege des Terrariums macht wenig Arbeit. Dazu kommt, dass man bei Spinnen – im Gegensatz zu einem Wellensittich oder Goldhams-

Vogelspinnen benötigen lebende Futtertiere – dies sollte man sich vor der Anschaffung noch einmal verdeutlichen.

INFO

Spinnenphobie
Spinnenphobien, also die zwanghaft vorhandene Furcht vor Spinnen, sind weiter verbreitet, als mancher glauben mag. Gibt es in Ihrer Familie jemanden mit einer solchen Phobie, sollten Sie sich die Anschaffung von Vogelspinnen besonders gut überlegen. Die Hoffung, die betreffende Person würde sich im Lauf der Zeit schon an die neuen Mitbewohner gewöhnen und so die übersteigerte Angst verlieren, erfüllt sich fast nie.

Liegt eine Allergie vor?
Einige Vogelspinnen-Arten können bei einer vermeintlichen oder tatsächlichen Bedrohung ihre Brennhaare abstreifen und einem potenziellen Angreifer entgegenschleudern (◉ Seite 18). Diese mit Widerhaken ausgestatteten Reizhaare sind sehr fein, sodass sie leicht in die Atemwege gelangen. Geschieht das bei Personen, die an einer Allergie gegen Tierhaare leiden, kann es bei Menschen mit einer solchen Veranlagung zu erheblichen gesundheitlichen Problemen kommen, sodass Sie unbedingt auf die Haltung von Bombardierspinnen verzichten sollten. Auch wenn ein Familienmitglied allergisch gegen Insektengifte ist, sind Vogelspinnen nicht die geeigneten Heimtiere. Schließlich lässt sich ein „Bissunfall" niemals ganz ausschließen.

Kann ich lebende Tiere verfüttern?
Man sollte sich vor dem Kauf unbedingt verdeutlichen, dass Vogelspinnen praktisch ausschließlich mit Lebendfutter ernährt werden müssen (◉ Seite 76). Und diese Art der Fütterung ist dann doch etwas anderes, als einem Wellensittich Körner in den Fressnapf zu füllen oder Löwenzahnblätter in einen Kaninchenkäfig zu legen.

ter – nicht für regelmäßige Beschäftigungen (Freiflug, Auslauf, Streicheleinheiten etc.) sorgen muss. Sollen jedoch Futtertiere selbst herangezogen werden, die man ja ebenfalls versorgen muss (◉ Seite 80), gilt es allerdings, etwas mehr Zeit einplanen.

THEMA   LEBENSRAUM TERRARIUM

Wenn Sie alles bedacht haben und sich eine Vogelspinne als Haustier anschaffen wollen, müssen Sie ihr zunächst noch ein geeignetes Zuhause zur Verfügung stellen. Was dabei zu bedenken ist, erfahren Sie in diesem Kapitel.

Das richtige Terrarium

Da Vogelspinnen unterschiedliche Biotope bewohnen, muss man die jeweiligen Terrarien so einrichten, dass die Tiere Verhältnisse vorfinden, die ihren natürlichen Lebensbedingungen möglichst nahe kommen. Sollen beispielsweise auf Bäumen lebende Vogelspinnen gehalten werden, ist es notwendig, ein etwas höheres Terrarium anzuschaffen, damit Klettermöglichkeiten für die Tiere eingebracht werden können. Und natürlich spielt auch die Größe der einzelnen Arten bei der Auswahl der Terrarien eine wichtige Rolle.

Allgemeine Ausstattungsmerkmale

TÜREN Für die Haltung von Vogelspinnen haben sich Terrarien bewährt, die sich an der Vorderseite öffnen lassen, weil bei diesen Modellen die Fütterung der Tiere und die Pflege des Behälters besonders einfach ist. Nehmen Sie nach Möglichkeit ein Modell mit einer nach oben zu öffnenden Frontscheibe (Falltür), denn diese ermöglicht Ihnen nicht nur eine ungetrübte Sicht auf das darin lebende Tier, sondern eine solche Konstruktion macht den Behälter außerdem ziemlich ausbruchssicher, weil die Spinne nicht in der Lage ist, die vergleichsweise schwere Scheibe anzuheben. Problematisch kann es aber sein, wenn das Terrarium in einem Regal stehen soll, weil sich die Falltür dann oft nicht vollständig öffnen lässt. Abhilfe schafft in solchen Fällen ein Modell mit einer geteilten Frontscheibe, bei der die Hälften sich zur Seite aufschieben lassen. Allerdings sind viele Vogelspinnen durchaus in der Lage, solche Türen abzuhebeln und zu entkommen. Verhindern lässt sich das, wenn die Scheiben des Terrariums mit einem Schloss gesichert werden, worauf Sie keinesfalls verzichten sollten. Gleichzeitig verhindern Sie dadurch, dass unbefugte Personen, besonders Kinder, den Behälter öffnen können.

SICHERUNG Für seitlich verschiebbare Terrarientüren gibt es Vitrinenschlösser, bei denen das eigentliche Schloss auf einer Zahnleiste sitzt, die zwischen die Schiebetüren montiert wird. Nach dem Aufschließen wird der Zylinder von der Leiste gezogen und die Scheiben lassen sich öffnen. Bei Modellen mit Falltür ist die Sicherung durch ein Schloss nicht ganz so einfach. Am besten ist es, sich für einen Behälter zu entscheiden, an dem sowohl das Schloss als auch der Einrastmechanismus bereits mithilfe von Bohrungen im Glas fest angebracht sind. Werden mehrere Vogelspinnen gehalten, ist es oft einfacher, den Raum, in dem die Terrarien stehen, verschlossen zu halten, um z.B. Kindern den Zutritt unmöglich zu machen.

LÜFTUNG Wichtig ist aber auch, dass Ihr Terrarium ausreichend belüftet wird. Ideal ist, wenn die Lüftungsbleche oder Belüftungsschlitze an gegenüberliegenden Seiten und zudem noch unten bzw. oben angebracht sind, weil eine solche Anordnung für einen besonders effektiven Luftaustausch sorgt. Achten Sie unbedingt darauf, dass die Lüf-

Je nach Herkunft und Lebensweise benötigen Vogelspinnen ein genau auf ihre Bedürfnisse eingerichtetes Terrarium.

Ausbrechen schwer gemacht

Auch wenn es eigentlich gar nicht so recht zu den standorttreuen Vogelspinnen passen mag: Ausbrechen scheint ein beliebter Zeitvertreib zu sein. Dabei ist es sowohl überraschend, welche Kraft die Tiere entwickeln können, wenn es darum geht, Terrarientüren aufzuhebeln, oder durch welch schmale Spalten sich große Vogelspinnen zwängen können. Daher sollten Sie die Türen des Terrariums immer schließen und sichern. Zwar entfernen sich die Ausbrecher in der Regel nie sehr weit, sodass man sie zumeist problemlos wieder „einsammeln" kann. Vor allem für die Tiere selbst können solche Ausflüge aber fatale Folgen haben, weil sie beispielsweise in dem für sie unbekannten Terrain abstürzen und sich verletzen oder weil sie durch einen unvorsichtigen Schritt zerquetscht werden. Ebenso wichtig ist aber auch, die Terrarien vor dem Zugriff unbefugter Personen zu schützen. Besonders gilt das, wenn Kinder im Haus sind, bei denen ein Giftbiss aufgrund des geringeren Körpergewichts stärkere Symptome hervorrufen kann als bei einem gesunden Erwachsenen.

Terrarien für Bodenbewohnender

Größe des Terrariums

GRUNDFLÄCHE Wie bereits ausgeführt, sind die meisten Boden bewohnenden Arten sehr ortstreu und entfernen sich normalerweise nie sehr weit von ihrem Unterschlupf (◉ Seite 8). Daher müssen Terrarien für Vogelspinnen auch nicht besonders groß sein. Orientieren kann man sich bei der Grundfläche des

tungsschlitze frei zugänglich sind, besonders, wenn der Behälter in einem Regal oder in einer Terrarienanlage steht.

Vermeiden Sie bei der Einrichtung alle scharfkantigen Gegenstände, um die Verletzungsgefahr gering zu halten.

Terrariums an der Faustregel, dass die Breite und Tiefe mindestens die doppelte Beinspannweite der Tiere umfassen sollte. Für kleine und mittelgroße Arten sind demnach Terrarien mit 40 cm Tiefe und 30 cm Breite ausreichend, während die Behälter für größere Spinnen eine Grundfläche von 50 x 40 cm oder mehr aufweisen sollten. Natürlich kann man aber auch kleinere Vogelspinnen in geräumigeren Terrarien halten, wenngleich dies das Wohlbefinden der Tiere nicht zu vergrößern scheint. Aber gerade wenn nur eine Spinne gehalten wird, spricht wenig dagegen, einen größeren Behälter mit einer hübsch eingerichteten Landschaft zu verwenden. Der häufig gegen größere Terrarien vorgebrachte Einwand, die Vogelspinnen würden ab einer gewissen Größe ihre Futtertiere nicht mehr finden, ist in vielen Fällen sicher auf die Ungeduld ihrer Halter zurückzuführen, auch wenn es vorkommen kann, dass sich Nachzuchten, denen das Futter bisher immer „mundgerecht" vor die Cheliceren serviert wurde, beim Beutefang in größeren und zudem bepflanzten oder aus dekorativen Gründen mit unterschiedlichen Einrichtungsgegenständen ausgestatteten Terrarien zunächst einmal auf die neuen Verhältnisse umstellen müssen. Hier sollte man anfangs genau beobachten, was geschieht und notfalls ein wenig Nachhilfe erteilen.

HÖHE Die Höhe eines Behälters für Boden bewohnende Arten sollte normalerweise nicht mehr als 30 cm betragen, damit beim Herumklettern abstürzende Tiere sich nicht das empfindliche Abdomen verletzten. Diese Einschränkung gilt allerdings nicht für Terrarien, die mit einer sehr dicken Bodenschicht ausgestattet werden müssen (◉ Seite 71).

INFO

Terrarienanlage
In einem Vogelspinnenterrarium lässt sich normalerweise nur ein einzelnes Tier halten. Wer mehrere Tiere halten will, der kann sich eine Terrarienanlagen aufbauen. Diese besteht zumeist aus einem Regal, auf dessen Brettern die einzelnen Behälter neben und übereinander angeordnet sind, was den Vorteil hat, das Technikzubehör wie Heizung und Beleuchtung von mehreren Terrarien gemeinsam genutzt werden können. Wichtig ist, die Lüftung für die einzelnen Behälter sicherzustellen, was bei seitlich angebrachten Luftlöchern nicht immer einfach ist. Daher sollten Sie bereits beim Kauf der Behälter darauf achten, dass die Lüftungsschlitze im Deckel und an der Vorder- oder Rückseite angebracht sind.

Terrarien für Baumbewohner

Neben den Boden bewohnenden Arten, gibt es Vogelspinnen, die sichin Bäumen aufhalten und nur selten auf die Erde herabkommen, etwa Arten der Gattung *Avicularia*. Für diese Spinnen sollte ein vergleichsweise hohes Terrarium angeschafft werden, damit man es mit einer Wurzel, einem Ast, einem alten Rebstock oder großen Rindenstücken ausstatten kann, auf denen die Tiere herumklettern können. Außerdem suchen solche Arten gern Schutz in einem höher gelegenen Versteck, etwa einem Vogelnistkasten, der oben im Terrarium aufgehängt wird.

Die **Kraushaar-Vogelspinne** (Brachypelma albopilosum) **lässt sich im Terrarium vergleichsweise leicht vermehren.**

Paarungsterrarium

Bei der Vermehrung von Vogelspinnen gilt die Grundregel, die Paarung stets im Behälter des Weibchens stattfinden zu lassen, denn auch in der Natur bleiben die Weibchen normalerweise in der Nähe ihres angestammten Unterschlupfes, während sich die Männchen auf die Suche nach einer Partnerin begeben. Bei der Vermehrung bestimmter Arten kann es von Vorteil sein, für die Paarung ein gesondertes Terrarium einzurichten.
GRÖSSE Ein solcher Behälter sollte größer sein als die normalerweise verwendete Behausung und ausreichend Versteckmöglichkeiten aufweisen, damit das Männchen die Möglichkeit zur Flucht hat.
ZWEI KAMMERN Außerdem empfiehlt es sich, den Behälter zunächst in zwei einzelne Kammern zu unterteilen, etwa mithilfe eines Rahmens, den man mit einem Drahtgitter bespannt hat, oder durch eine mit Löchern versehene Kunststoffscheibe. Vor der Paarung setzt man Weibchen und Männchen in jeweils eine der Kammern und gibt ihnen die Möglichkeit, sich aneinander zu gewöhnen. Wenn das Weibchen beginnt, Sexualduftstoffe abgegeben und das Männchen daraufhin seine Paarungsstimmung anzeigt (◉ Seite 118), entfernt man die Trennwand. Von nun an kann man dem Männchen nur noch alles Gute wünschen und hoffen, dass das Weibchen gnädig gestimmt ist. Muss das Männchen fliehen, versucht man, schnell die Trennwand hinter dem fliehenden Männchen zu schließen, wobei man allerdings aufpassen muss, dass man die Tiere nicht unter der Trennwand zerquetscht oder verletzt.

Bei Pflege mehrerer Spinnen sollte man Neueinkäufe wegen der Ansteckungsgefahr eine Zeit in Quarantäne halten.

Quarantäneterrarium

Besonders Terrarianer, die mehrere Vogelspinnen halten, etwa in einer Terrarienanlage, benutzen bei Zukauf einer weiteren Spinne gern ein Quarantäneterrarium. Der Grund dafür ist einfach: Besonders bei Tieren aus Quellen, deren Vertrauenswürdigkeit man nicht kennt, besteht immer die Gefahr, dass man Krankheiten oder Parasiten in seinen kleinen Zoo einschleppt, wenn die neuen Vogelspinnen gleich in die Nähe der übrigen Tiere gebracht werden. Auch wenn die Spinnen wegen der Einzelhaltung nicht unmittelbar miteinander in Kontakt kommen, so ist eine Übertragung von Krankheiten durch gemeinsam genutztes Zubehör oder auch durch die Handhabung des Halters in den Behältern ohne weiteres möglich. Und weil auf diese Weise im schlimmsten Fall der gesamte Bestand zu Grunde gehen kann, halten viele Terrarianer neu erworbene Tiere zunächst einmal in einem Quarantänebehälter, der – isoliert von den übrigen Terrarien – in einem gesonderten Raum aufgestellt wird. Dort kann man die neue Spinne zwei bis drei Wochen genau beobachten und nur dann, wenn sich in dieser Zeit keine Anzeichen einer Krankheit oder von Parasitenbefall zeigt, in die Terrarienanlage überführen. Aber auch, wenn eines der eigenen Tiere erkrankt, sollte man es unverzüglich in einen Quarantänebehälter außerhalb der Terrarienanlage umquartieren, denn durch diese Vorsichtmaßnahme wird verhindert, dass sich weitere Exemplare anstecken. Praktisch sind Quarantäneterrarien außerdem, wenn Vogelspinnen einmal kurze Zeit eine neue Unterkunft benötigen, weil das eigentliche Terrarium beispielsweise nach starkem Schimmelpilzbefall gründlich gereinigt werden muss.

EINRICHTEN Quarantänebecken sollten so eingerichtet werden, dass sie besonders leicht zu reinigen und zu desinfizieren sind und dass man die Tiere gut beobachten und auf Anzeichen einer Krankheit oder Parasitenbefall kontrollieren kann. Normalerweise reicht als Einrichtung des Quarantänebehälters eine alte Zeitung oder ein Bogen Fließpapier als Unterlage.

INFO

Eigenbau

War es früher fast selbstverständlich, sich wegen des unzureichenden Angebots geeigneter Modelle sein Vogelspinnenterrarium selbst zu bauen, so ist das heute eigentlich nicht mehr nötig, denn es gibt im Zoofachhandel eine ausreichende Auswahl an geeigneten Behältern.

▶ Wer dennoch selbst Hand anlegen möchte, sollte für ein normales Terrarium 4–5 mm dicke Glasscheiben verwenden, die mit Silikon verklebt werden (mindestens 12 Stunden aushärten lassen; nur ungiftige Kleber verwenden).

▶ Besonders wichtig ist eine sehr saubere Verarbeitung, damit an den Klebestellen keine noch so kleinen Spalten entstehen, in denen die Spinnen später mit ihren Krallen hängen bleiben können, weil das zu bösen Verletzungen führen kann.

▶ Damit die Belüftung des Terrariums gewährleistet ist, darf die Deckscheibe nur etwa halb so groß sein wie die Grundplatte. Die Lücke wird dann durch ein Aluminium-Lochblech oder durch ein Lüftungsgitter mit nicht zu kleinen Bohrungen bzw. nicht zu engen Maschen geschlossen (2–5 mm; kein Fliegengitter); zur Aufnahme der beweglichen Frontscheibe sind zwei E-Profile notwendig.

Auch Terrarien mit Vogelspinnen aus Wüstenregionen dürfen keinesfalls direkt in der Sonne stehen.

Der richtige Standort

Dass Glasbehälter, in denen Tiere leben, nicht in der Sonne stehen dürfen, versteht sich eigentlich von selbst. Schließlich hat wohl schon jeder einmal über die unerträgliche Hitze gestöhnt, wenn er in ein Auto steigen musste, das in der Sonne geparkt war.

Daher lautet die wohl wichtigste Regel bei der Standortwahl: Stellen Sie das Terrarium niemals dorthin, wo es irgendwann im Lauf des Tages der direkten Sonnenstrahlung ausgesetzt ist. Ein Platz zwischen den Zimmerpflanzen auf dem Fensterbrett ist also völlig ungeeignet, auch wenn sich Spinnenterrarien dort manchmal ganz malerisch einfügen. Schon Temperaturen um die 35 °C können für Vogelspinnen lebensgefährlich werden (das gilt auch für Arten, die natürlicherweise in Wüstenbiotopen leben), wobei die Temperaturen in Terrarien, die in der Sonne stehen, oft deutlich höher sind. Dazu kommt, dass Vogelspinnen dämmerungs- und nachtaktive Tiere sind, denen man – etwa im Gegensatz zu einem Wellensittich – mit einem hellen, freundlichen Platz keinen Gefallen tut. Viel wichtiger ist es, einen ruhigen Standort in einem Nichtraucherzimmer auszuwählen und den Behälter so aufzustellen, dass man eine gute Sicht auf die Tiere hat.

THEMA **EINRICHTUNG DES TERRARIUMS**

Das Wichtigste bei der Einrichtung eines Terrariums ist die Berücksichtigung der unterschiedlichen Ansprüche der Vogelspinnen, wobei diese von den Bedingungen des natürlichen Lebensraumes abhängen. Neben dem Platzanspruch, der an die Größe des jeweiligen Tieres angepasst sein muss, spielen Bodengrund, Temperatur, Luftfeuchtigkeit und Terrarieneinrichtung eine wichtige Rolle.

Der Bodengrund

Aufgaben des Bodengrundes
Der Bodengrund stellt nicht nur den Bewohnern eine geeignete Unterlage zur Verfügung, die ihnen eine möglichst natürliche Lebensweise ermöglicht, sondern er dient auch als Wasserreservoir für die relativ hohe Luftfeuchtigkeit, die in den meisten Vogelspinnenterrarien herrschen muss. Daher sollte die Schicht nicht zu dünn sein. Und das gilt auch für Baumbewohner, die seltener auf den Boden herabkommen.

PFLANZEN Einfluss auf die Menge des eingebrachten Bodengrundes hat außerdem die Entscheidung, ob ein Terrarium bepflanzt werden soll, was bei Baum bewohnenden Arten häufiger der Fall ist. Hat man sich für eine Bepflanzung entschieden, benötigt man etwas mehr Bodengrund, denn die Pflanzen sollten unbedingt in ihren Töpfen eingesetzt werden, damit eine gezielte Düngung möglich ist (◉ Seite 66). Und weil es unschön aussieht, wenn die obere Hälfte der Töpfe aus dem Boden herausschaut, empfiehlt es sich, so viel Substrat einzufüllen, dass die Pflanzgefäße im Boden verschwinden.

SCHICHTDICKE Ein Richtwert für die Schichtdicke in Terrarien für Bodenbewohner ist 5–10 cm; bei Baum bewohnenden Arten reichen 3–5 cm – vorausgesetzt, es sollen keine Pflanzen eingesetzt werden. Bei den meisten Boden bewohnenden Arten muss außerdem darauf geachtet werden, dass nie der gesamte Bodengrund durchfeuchtet ist, sondern immer auch trockene Bereiche vorhanden sind, auf denen Tiere sich aufhalten können.

Materialien
BLUMENERDE Als Substrat für den Bodengrund sind unterschiedliche Materialien geeignet. Das wohl am häufigsten verwendete ist ungedüngte Blumenerde, der oft Torf beigemischt wird, um die Wasserspeicherkapazität zu erhöhen. Bei bestimmten Arten ist es allerdings besser, eine etwas schwerere Erde zu verwenden, etwa handelsübliches Substrat für Palmen, das einen höheren Lehm- und Sandanteil aufweist als herkömmliche Blumenerde. Einzelheiten hierzu finden Sie bei der Beschreibung der einzelnen Arten (◉ Seite 21–45).

VERMICULIT Vermiculit ist ein zur Gruppe der Glimmerminerale gehörendes Aluminium-Eisen-Magnesium-Silikat, das gern als Dämmstoff oder Bindemittel verwendet wird, aber auch zur Aufzucht von Jungpflanzen oder als Zuschlagstoff für Torf- und Erdmischungen. Terrarianer benutzen dieses Mineral, das die Feuchtigkeit sehr gut hält, schon lange zum Ausbrüten von Reptilieneiern und seit geraumer Zeit auch als Bodengrund für Vogelspinnenterrarien. Erhältlich ist dieses Material im Zoofachhandel.

RINDENMULCH Da Vermiculit ein Terrarium etwas heller machen kann als erwünscht, besteht die Möglichkeit, als oberste Schicht eine Lage Rindenmulch einzubringen. Allerdings sollte man darauf achten, dass es sich

TERRARIEN- UND SPINNENKAUF

dabei nicht um zu grobes Material handelt. Gut geeignet ist beispielsweise feiner Pinienrindenmulch. Da der Mulch unbedingt frei von Insektiziden sein muss (◉ Seite 99), sollte man nur Produkte aus dem Zoofachhandel verwenden. Man kann zur Abdeckung aber auch eine Schicht aus Eichenlaub benutzen oder eine Lage Moos, die den Vorteil besitzt, dass sie zusätzlich Wasser speichert.

UNGEEIGNETES MATERIAL Keinesfalls verwenden sollte man gedüngte Blumenerde, weil diese die Schimmelbildung im Terrarium fördert. Außerdem kann man nie ganz sicher sein, ob die darin enthaltenen Substanzen nicht eine gesundheitsschädigende Wirkung auf die Spinnen haben. Von Ausnahmen abgesehen (◉ Beschreibung der einzelnen Arten, Seite 21–45) ist von Torfmull als alleinigem Substrat ebenfalls abzuraten, weil das Material bei der hohen Luftfeuchtigkeit, die in den meisten Vogelspinnenterrarien herrschen muss, nicht nur viel zu leicht ver-

Der Bodengrund ist im Vogelspinnen-Terrarium wichtig für die Aufrechterhaltung der hohen Luftfeuchtigkeit.

Die Heizung

Weil Vogelspinnen ihre Körpertemperatur nicht selbst regulieren können, benötigen sie eine optimale Umgebungstemperatur, damit sie sich wohl fühlen und gesund bleiben. Und da die im Handel angebotenen Arten aus den unterschiedlichsten Biotopen stammen, sind natürlich auch ihre Ansprüche verschieden. Generell lässt sich aber sagen, dass die meisten Vogelspinnen einen Temperaturbereich bevorzugen, der etwas über der normalen Zimmertemperatur liegt, sodass eine Beheizung des Terrariums auch dann erforderlich ist, wenn die Spinne im Wohnzimmer gehalten wird. Nähere Angaben zu den jeweiligen Temperaturansprüchen der unterschiedlichen Vogelspinnen finden Sie im Artenteil (◉ Seite 21–45).

Heizmatten,-folien und -kabel

Um ein Vogelspinnenterrarium auf die gewünschte Temperatur zu bringen, gibt es verschiedene Möglichkeiten. Sehr beliebt sind Heizmatten oder -folien, die man, besonders bei Bodenbewohnern, an der Rückwand des Behälters anbringen muss und nicht etwa unter der Bodenplatte. Der Grund dafür ist recht einfach: Wird es im Terrarium einmal zu warm, suchen viele Vogelspinnen instinktiv im Boden Schutz vor der Hitze. Und während es in ihrem angestammten Lebensraum sehr sinnvoll ist, sich im kühleren Boden zu verkriechen, verkehrt sich dieses Verhalten natürlich ins Gegenteil, wenn im Terrarium die Wärme von unten kommt. Besonders problematisch ist dabei, dass einige Spinnen trotz der dort herrschenden höheren Temperaturen nicht wieder aus

klumpt, sondern sich auch sehr schlecht wieder befeuchten lässt, wenn es doch einmal austrocknet. Ebenfalls verzichten sollte man auf scharfkantigen Kies, weil sich die Spinnen daran leicht den empfindlichen Hinterleib verletzen. Außerdem ist dieses Material zumeist viel zu hell für ein Vogelspinnenterrarium, was dazu führen kann, dass die Tiere sich seltener außerhalb ihres Unterschlupfs sehen lassen. Ungeeignet sind aber auch Quarzsand oder ähnlich feines Material, weil es sich in die Fächerlungen der Tiere setzen kann, und auf Substanzen mit Geruchsbindern oder Farbstoffen, z.B. Katzenstreu, sollten Sie ebenfalls unbedingt verzichten.

Eine Nachtabsenkung der Temperatur sorgt bei den meisten Vogelspinnen für ein größeres Wohlbefinden.

ihrem unterirdischen Versteck herauskommen und so erst recht Schaden erleiden. Bei Baumbewohnern kann die Heizmatte ruhig unter dem Terrarium angebracht werden, weil diese Spinnen sich selten am Boden aufhalten und dort auch nicht Schutz suchen. Benötigt eine Art eine sehr hohe Luftfeuchtigkeit, was bei vielen der Baum bewohnenden Spinnen der Fall ist, kann man aber auch Heizkabel im Bodengrund verlegen, um so für eine bessere Verdunstung der im Substrat gespeicherten Flüssigkeit zu sorgen.

Lampen

Nicht allzu große Vogelspinnenterrarien lassen sich außerdem mit herkömmlichen Klemmstrahlern und einer 25 Watt-Birne auf die richtige Temperatur bringen oder mit Halogenlampen (je nach Größe des Terrariums zwischen 5 und 15 Watt). Auf diese Weise sorgt man gleichzeitig für die Beleuchtung des Terrariums, wobei es sehr wichtig ist, die heißen Birnen unbedingt für die Spinne unerreichbar außerhalb des Behälters anzubringen. Geregelt wird die Temperatur über den Abstand der Lampe zum Terrarium und über die Beleuchtungsdauer.

Nachtabsenkung

Die meisten Vogelspinnen bevorzugen eine Nachtabsenkung der Temperatur um 3–5 °C, sodass es sinnvoll ist, die Beheizung über eine Schaltuhr zu regeln. Außerdem sollte man die Wärmelampen stets so anbringen, dass es auch kühlere bzw. schattigere Bereiche im Terrarium gibt, die von der Spinne bei Bedarf aufgesucht werden können.

Thermometer

Ein Thermometer zur Kontrolle der Temperatur darf in keinem Terrarium fehlen. Wählen Sie nach Möglichkeit ein Modell mit Maximum-Minimum-Anzeige, damit sie die Nachtabsenkung von Zeit zu Zeit überprüfen können. In der Handhabung besonders einfach sind außen angebrachte Digitalthermometer, deren Messfühler man durch die Belüftungsschlitze ins Innere verlegt.

Das Bepflanzen des Vogelspinnenterrariums kann beträchtlich zur Erhöhung der Luftfeuchtigkeit beitragen.

Die Luftfeuchtigkeit

Besprühen des Terrariums
Die optimale Luftfeuchtigkeit spielt bei der Haltung von Vogelspinnen die vielleicht wichtigste Rolle, denn viele Verluste sind darauf zurückzuführen, dass die Feuchtigkeit im Terrarium zu hoch (Pilzbefall) oder zu niedrig (Austrocknung) ist. Für eine gleichbleibend hohe Luftfeuchtigkeit sorgt man bei Baumbewohnern durch regelmäßiges Besprühen des Terrariums mit einem handelsüblichen Pflanzensprüher (Düse auf feinste Bestäubung einstellen) und bei Bodenbewohnern durch Gießen des Bodengrundes. Um die Bedingungen in der Natur, wo die Luftfeuchtigkeit mit Beginn der Dunkelheit etwas ansteigt, möglichst genau nachzuahmen, kann das Besprühen abends vor dem Verlöschen der Beleuchtung erfolgen. Bei den meisten Bodenbewohnern sollte immer nur ein Teil des Untergrundes befeuchtet werden, damit die Tiere sich jederzeit an eine trockene Stelle zurückziehen können.

TAUTROPFEN Bei Baum bewohnenden Vogelspinnen ist das Sprühen des Terrariums besonders wichtig, denn viele Arten decken einen Teil ihres Wasserbedarfs gern an den „Tautropfen", die sich nach dem Besprühen an Pflanzen oder an der Dekoration niederschlagen. Die Tiere selbst darf man nicht ansprühen, weil sie sonst scheu werden.

Der Bodengrund als Wasserspeicher
Damit die Luftfeuchtigkeit nicht zu schnell absinkt, sollte die Bodenschicht eine gewisse Dicke aufweise, damit ein ausreichend großer Wasserspeicher vorhanden ist (◉ Seite 57); außerdem kann man die Luftfeuchtigkeit durch eine Auflage, z.B. aus Moos, beeinflussen und auch eine große Trinkschale wirkt sich positiv auf die Luftfeuchtigkeit aus. Nähere Angaben zu den jeweiligen Ansprüchen bezüglich der Luftfeuchtigkeit finden Sie im Porträtteil (◉ Seite 21–45).
HYGROMETER Zur Überprüfung der im Terrarium herrschenden Luftfeuchtigkeit können handelsübliche Hygrometer verwendet werden, die es in unterschiedlichen Ausführungen im Zoofachhandel gibt – auch in Kombination mit einem Thermometer.

Belüftung
Ebenso wichtig wie eine optimal eingestellte Luftfeuchtigkeit ist aber auch eine ausreichende Belüftung des Behälters, denn wenn es zu Staunässe kommt, lassen sich Verluste kaum vermeiden. Achten Sie daher darauf, dass Ihr Vogelspinnen-Terrarium eine ausreichende Anzahl an Belüftungsschlitzen besitzt und dass diese an gegenüberliegenden Seiten und möglichst oben beziehungsweise unten angebracht sind, damit ein optimaler Luftaustausch stattfinden kann.

Die Beleuchtung

Darüber, ob für die dämmerungs- oder nachtaktiven Vogelspinnen eine Beleuchtung notwendig ist, gibt es unterschiedliche Ansichten. Aber welche Argumente auch immer ins Feld geführt werden: Schaden kann es sicher nicht, auch in einem Vogelspinnenterrarium einen natürlichen Tag-Nachtrhythmus zu simulieren, wie die Tiere ihn aus der Natur gewohnt sind.

PFLANZEN Soll das Terrarium bepflanzt werden, muss man natürlich immer für eine ausreichende Beleuchtung des Behälters sorgen, weil sonst kein dauerhafter Pflanzenwuchs möglich ist. Besonders empfehlenswert sind dafür spezielle Leuchtstoffröhren für Pflanzen aus dem Aquarienhandel.

ZEITSCHALTUHR Um einen natürlichen Tag-Nacht-Rhythmus zu simulieren, verwendet man am besten eine Zeitschaltuhr, die man beispielsweise so einstellen kann, dass die Spinnennacht genau dann beginnt, wenn man von der Arbeit nach Haus kommt. Danach kann man dann eine schwache, rot getönte Leuchtstoffröhre einschalten (Spinnen können rotes Licht nicht sehen), sodass man gute Chancen hat, die Vogelspinnen bei ihren Ausflügen zu beobachten.

Weitere Einrichtungsgegenstände

Dekoration

Alle, die eine Vogelspinne anschaffen möchten, sollten sich bezüglich der Dekoration von vornherein damit abfinden, dass sie Kompromisse eingehen müssen. Wer ein dekoratives Schmuckterrarium für sein Wohnzimmer sucht, ist mit einem Vogelspinnenterrarium weniger gut beraten. Das hat zunächst damit zu tun, dass viele Arten aus spärlich bewachsenen, oft recht eintönig wirkenden Biotopen stammen, deren Nachbildung im Terrarium natürlich auch nicht besonders attraktiv wirkt. Dazu kommt, dass viele Vogelspinnen große Teile ihres Behälters mit einem dichten Gespinst überziehen, sodass auch die liebevollste Dekoration oft sehr schnell unter einem dichten Schleier verschwunden ist. Andere Arten gestalten die Einrichtung dagegen durch ständiges Graben und Wühlen im Boden häufig sehr schnell nach eigenen Vorstellungen um, sodass von der ursprünglichen Anlage zumeist nicht viel übrig bleibt. Letztgenannte Verhaltensweise

---

TIPP

Vorsicht bei scharfen Kanten!
Alle scharfkantigen oder spitzen Gegenstände sind Gefahrenquellen für Ihre Vogelspinne, wobei sich die Tiere besonders leicht das empfindliche Abdomen verletzen können. Daher sollten Sie solche Dekorationsgegenstände in Ihrem Terrarium keinesfalls verwenden. Ein Beispiel sind Kakteen, die immer wieder gern in Terrarien gepflanzt werden, in denen Arten aus Wüstenregionen leben. Die Folge sind dann nicht selten schwere Verletzungen, weil die Spinnen bei einem überhasteten Fluchtversuch in die spitzen Stacheln geraten sind..

Die Einrichtung eines Vogelspinnenterrariums sollte sich am natürlichen Lebensraum der Tiere orientieren.

entscheidet auch darüber, ob man ein Vogelspinnenterrarium bepflanzen kann oder nicht. Bei stark grabenden Arten ist das Einsetzen von Pflanzen ebenso sinnlos wie bei Vogelspinnen, die große Gespinste anlegen. Wer auf Pflanzen im Vogelspinnenterrarium nicht verzichten will, sollte sich gleich bei den Baum bewohnenden Spinnen umschauen (◉ Seite 40–45).

Versteckmöglichkeiten

Allerdings gibt es auch einige Einrichtungsgegenstände, die in keinem Terrarium für Vogelspinnen fehlen dürfen. So sollten Sie bei der Einrichtung eines Terrariums als Erstes für einen vorgefertigten Unterschlupf sorgen, in dem Ihre Vogelspinne Zuflucht suchen kann. Spinnen, die keine Versteckmöglichkeiten haben, fühlen sich bei Ihnen nie wohl und werden dann nicht selten nervös und unberechenbar. Außerdem lassen sich viele Vogelspinnen durch ein vorgefertigtes Versteck oft vom Wühlen im Boden abhalten, was sich in aller Regel sehr vorteilhaft auf die Dekoration auswirkt. Für Bodenbewohner kann ein solcher Unterschlupf aus einem großen Stück Korkrinde aus dem Gartencenter oder auch einer vorgefertigten Korkhöhle aus dem Zoofachhandel bestehen.

CHECKLISTE

Habe ich an alles gedacht?

○ Sind die Ausmaße des Terrariums auf die Größe der Vogelspinnen abgestimmt? (Die Angaben im Artenteil beziehen sich auf die Größe des Tieres ohne Beine!)

○ Wurde berücksichtigt, dass Baum bewohnende Vogelspinnen ein anderes Terrarium benötigen als am Boden lebende?

○ Besitzt das Terrarium ausreichend Luftschlitze, damit es nicht zu Staunässe und damit zu einer Schädigung der Spinne kommen kann?

○ Wurde der Standort so gewählt, dass sich das Terrarium durch Sonneneinstrahlung nicht zu stark aufheizt?

○ Befindet sich die Heizmatte bei Boden bewohnenden Arten an den Seiten und nicht unter dem Behälter?

○ Sind alle Lampen so angebracht, dass sich die Tiere nicht daran verbrennen können?

○ Ist der Bodengrund tief genug, um Feuchtigkeit speichern zu können und um die Töpfe eingesetzter Pflanzen zu verdecken?

○ Sind Versteckmöglichkeiten und ein Trinknapf vorhanden?

○ Wurde auf spitze und scharfkantige Gegenstände im Terrarium, an denen sich die Spinne verletzen könnte, verzichtet?

○ Sind ein Thermometer und ein Hygrometer angebracht, damit die Überprüfung von Temperatur und Luftfeuchtigkeit jederzeit problemlos möglich ist?

Für kleinere Arten eignen sich auch halbierte Kokosnussschalen, in die ein Eingangsloch gesägt wurde oder ein liegender, halb eingegrabener Blumentopf. Ein Unterschlupf aus übereinander gelegten Steinen ist nicht empfehlenswert, denn Vogelspinnen können beachtliche Kräfte entwickeln, wenn es darum geht, sich ihre Umgebung nach eigenem Gutdünken zu gestalten. Sie kölnnte dann durch herabfallende Steine verletzt werden. Für Baumbewohner eigenen sich kleinere Vogelnistkästen, die den Vorteil haben, dass sie sich oben im Terrarium aufhängen lassen.

Klettermöglichkeiten

Besonders Baumbewohner benötigen unbedingt die Möglichkeit zum Klettern, damit sie in einer möglichst natürlichen Umgebung leben können. Aus diesem Grund empfiehlt es sich, das Terrarium mit einer hübschen Wurzel, einem alten Rebstock (beides im Zoofachhandel erhältlich) oder auch einem verzweigten Obstbaumast auszustatten. Benutzt werden diese Dekorationsgegenstände aber nicht nur zum Herumklettern, sondern die Spinnen verankern darin oft auch ihre Wohngespinste (◉ Seite 8).

Einige Vogelspinnen-Arten benutzen größere Steine oder Wurzeln gern als „Ansitz".

Wassernapf

In jedes Vogelspinnenterrarium gehört unbedingt ein Schälchen mit Wasser, damit sich die Tiere jederzeit mit Flüssigkeit versorgen können, denn Vogelspinnen können zwar längere Zeit ohne Futter auskommen, aber nicht ohne Wasser. Außerdem trägt ein solcher Trinknapf, der täglich neu befüllt werden sollte, durch die ständige Verdunstung des Wassers auch zur Erhöhung der Luftfeuchtigkeit bei. Geeignet sind spezielle Trinknäpfe für Terrarientiere aus dem Zoofachhandel oder auch Blumenuntersetzer aus Ton bzw. Plastik (Durchmesser mindestens 5 cm).

Weiteres Zubehör

Neben Thermo- und Hygrometer gehört zur Ausstattung unbedingt auch eine große, stumpfe Pinzette von etwa 20–30 cm Länge, mit der sich Futterreste und andere Abfälle aus dem Terrarium holen lassen. Nicht verzichten sollte man auf einen Arbeitshandschuh, der beim Hantieren im Behälter vor Brennhaaren und Bissen schützt.

THEMA PFLANZEN

Pflanzen im Vogelspinnenterrarium

Es gibt zahlreiche Terrarianer, die Pflanzen für ein Vogelspinnenterrarium grundsätzlich ablehnen. So wird eingewendet, der Pflegeaufwand würde sich deutlich erhöhen und man müsse mehr im Terrarium hantieren, was nicht wünschenswert sei. Außerdem müsse man Pflanzen regelmäßig düngen und Chemikalien aller Art hätten in einem Vogelspinnenterrarium nichts zu suchen. Außerdem könnten sich Futtertiere in einem bepflanzten Terrarium sehr gut verstecken und so von der Spinne nicht gefunden würden, wobei es schon vorgekommen sei, dass unentdeckt gebliebene Grillen eine Vogelspinne während der Häutung angefressen und schwer verletzt hätten. Dem könnte man entgegenhalten, dass gerade die hohen Terrarien für Baumbewohner sehr viel attraktiver wirken, wenn Pflanzen darin wachsen und die Umgebung dem natürlichen Lebensraum der Spinnen eigentlich auch viel ähnlicher ist. Für die meisten Boden bewohnenden Arten, von denen viele gern graben, hat eine Bepflanzung allerdings tatsächlich wenig Sinn, weil die Pflanzen ständig ausgewühlt werden. Und auch in Terrarien mit solchen Vogelspinnen, die große Gespinste anlegen, sterben Pflanzen zumeist schnell ab.

Vorsichtmaßnahmen beim Bepflanzen

Da Vogelspinnen sehr empfindlich gegenüber Insektiziden sind (◉ Seite 99), sollten Sie gekaufte Pflanzen zunächst einige Wochen außerhalb des Terrariums wachsen lassen und sie während dieser Zeit regelmäßig gut abduschen, um giftige Rückstände zu entfernen. Anschließend werden sie in ungedüngte Blumenerde umgepflanzt und bekommen einen organischen Dünger (auch die spätere Düngung sollte ausschließlich mit organischen Substanzen erfolgen); danach setzt man sie in ihrem Topf ins Terrarium, um zu verhindern, dass sich der Dünger im gesamten Bodengrund ausbreitet.

Geeignete Pflanzen

Planzen in einem Vogelspinnenterrarium müssen mit den Bedingungen zurechtkommen, die im Behälter herrschen, also mit einer meist sehr hohen Luftfeuchtigkeit und Temperaturen über der normalen Zimmertemperatur. Es gibt eine Reihe tropischer und subtropischer Arten, die mit solchen Bedingungen gut zurechtkommen. Auch müssen die Pflanzen robust sein und es aushalten, wenn große, nicht immer ganz leichte Vogelspinnen auf ihnen herumklettern. Sie dürfen auch nicht zu groß werden, damit für die Spinne ausreichend Platz bleibt.

Künstliche Pflanzen

Manch einer mag sich mit dem Gedanken an künstliche Pflanzen im Vogelspinnenterrarium nicht sofort anfreunden können, aber gerade bei der Haltung von Vogelspinnen sollten Sie diese Möglichkeit nicht gleich weit von sich weisen. Schließlich ist die Auswahl an künstlichen Blattpflanzen in den letzten Jahren deutlich größer geworden und auch die Qualität hat ständig weiter zugenommen, sodass viele der Nachbildungen auf den ersten Blick kaum von ihren natürlich Vorbil-

Bei vielen Baum bewohnende Vogelspinnen kann das Terrarium mit robusten Pflanzen ausgestattet werden.

TIPP

Beleuchtungsdauer
In der Natur ist die Tageslänge je nach geographischer Breite und Jahreszeit verschieden. Da viele Pflanzen, die sich für ein Vogelspinnenterrarium eignen, aus den Tropen stammen, wo jeweils etwa 12 Stunden Tageslicht und 12 Stunden Dunkelheit herrschen, sollte man solche Bedingungen auch in seinem Terrarium nachahmen. Damit kommen auch subtropische Pflanzen gut zurecht, bei denen die Tageslänge mit den Jahreszeiten etwas schwankt.

dern zu unterscheiden sind. Künstliche Pflanzen sind sehr robust, sodass sie nicht zerstört werden, wenn die Spinne darauf herumklettert; sie sehen auf jeden Fall hübscher aus als kümmerlich dahinvegetierende natürliche Gewächse; sie müssen nicht gedüngt werden; sie benötigen kein zusätzliches Licht. Künstliche Pflanzen sind ausgesprochen pflegeleicht (einfach heiß abwaschen und wieder einsetzen) und sie sind außerdem nicht mit Insektiziden belastet.

Korbmarante
Calathea makoyana
HEIMAT Brasilien.
HÖHE Bis 30 cm.
BESCHREIBUNG Eignet sich bestens für feuchtwarme Terrarien. Die großen, ziemlich robusten Blätter sind oberseits grün mit hellen Streifen und unterseits purpurfarben.
BEMERKUNGEN Neben *Calathea makoyana* gibt es noch eine Reihe weitere Arten aus dieser Gattung, die sich ebenfalls für Vogelspinnenterrarien verwenden lassen, etwa *C. lietzei*, *C. pictura* und *C. undulata*.

Efeutute
Epipremnum pinnatum
HEIMAT Pazifische Inseln.
HÖHE Bis 2 m.
BESCHREIBUNG Es handelt sich um eine unverwüstliche Kletterpflanze, von denen sich zahlreiche Sorten gut für ein Terrarium mit Baumbewohnern verwenden lassen. Die 10–15 cm großen, herzförmigen Blätter haben gelbliche Flecken und Streifen.
BEMERKUNGEN Ist auch noch unter ihrem alten Namen *Scindapsus auratus* bekannt.

Kletterficus
Ficus pumila
HEIMAT Japan, Vietnam, China.
HÖHE Bis 60 cm.
BESCHREIBUNG Kletterpflanze mit kleinen, herzförmigen, grünlichen Blättern, passt sich den unterschiedlichen Licht- und Temperaturverhältnissen an. Es gibt zahlreiche Sorten, darunter solche mit weiß gefleckten Blättern, aber auch Zwergformen.
BEMERKUNGEN An einer mit Kork oder Rindenstücken ausgekleideten Wand verankern sich die Haftwurzeln, sodass selbst größere Spinnen darauf herumklettern können.

Fittonie
Fittonia verschaffeltii
HEIMAT Kolumbien bis Bolivien.
HÖHE 30–40 cm.
BESCHREIBUNG Diese robuste Pflanze, die sich gut für tropische Regenwaldterrarien eignet, hat hübsche, rundliche bis ovale, dunkelgrüne, etwa 10 cm große Blätter mit rötlichen Blattnerven.
BEMERKUNGEN Die Art benötigt eine hohe Luftfeuchtigkeit. Es gibt eine zwergwüchsige Sorte, aber auch Zuchtformen mit attraktiven weißen Blattnerven.

Baumfreund
Philodendron sp.
HEIMAT Tropisches Amerika.
HÖHE Bis 2 m.
BESCHREIBUNG Vom Baumfreund hält der Handel zahlreiche Arten und Sorten mit 5–50 cm großen, zumeist herzförmigen oder lanzettlichen, normalerweise grünlichen Blättern bereit. Es handelt sich um Kletterpflanzen mit oft sehr langen Luftwurzeln.
BEMERKUNGEN Für ein Vogelspinnenterrarium sind nur kleinwüchsige Arten und Sorten geeignet, etwa *Philodendron scandens*.

Moosfarn
Selaginella sp.
HEIMAT Kosmopolit.
HÖHE Bis 30 cm.
BESCHREIBUNG Kleinere Arten dieses Bodendeckers lassen sich gut zum Bepflanzen von Regenwaldterrarien verwenden. Die Pflanze, die ein wenig an Moose oder Farne erinnert, hat winzige, schuppenartige, grüne Blätter an verzweigten Stängeln.
BEMERKUNGEN Häufig angebotene Moosfarne sind *Selaginella martensii* aus Mexiko, *S. kraussiana* (tropisches Afrika) und *S. willdenowii* (tropisches Asien).

THEMA: EINRICHTUNGSVORSCHLÄGE

So könnten Sie Ihr Terrarium einrichten

Terrarium für Bodenbewohner

Terrarien für Bodenbewohner werden recht spartanisch eingerichtet. Außer einem vorgefertigten Unterschlupf, einem stets gefüllten Trinknapf und dem notwendigen technischen Zubehör sind für diese Spinnen keine weiteren Einrichtungsgegenstände notwendig. Das Bepflanzen solcher Behälter ist bei vielen Arten wenig sinnvoll, weil die Tiere häufig stark graben oder aber große Teile des Terrariums mit einem Gespinst überziehen und Pflanzen dadurch schnell zerstören.

EINRICHTEN SCHRITT FÜR SCHRITT
1. Befüllen Sie zunächst das Vogelspinnen-Terrarium etwa 5–10 cm hoch mit ungedüngter Blumenerde, der man – abhängig davon, wie hoch die Luftfeuchtigkeit im Behälter sein muss – etwas Torf zur besseren Wasserspeicherung untermischen kann.
2. Errichten Sie in einer der hinteren Ecken mit einem halbrund gebogenen Stück Korkrinde aus dem Zoofachhandel oder einem der Größe des Tieres angemessenen Blumentopf, der etwa zur Hälfte eingegraben wird, einen Unterschlupf für die Spinne.
3. Stellen Sie den Trinknapf ins Terrarium und bringen Sie Thermometer und Hygrometer an.
4. Nehmen Sie Heizung und/oder Beleuchtung in Betrieb und kontrollieren Sie die Bedingungen einige Tage lang, bevor Sie die Spinne einsetzen.

Terrarium für Baumbewohner

In Terrarien für Baumbewohner muss unbedingt eine Klettermöglichkeiten für die Vogelpinne vorhandenen sein, denn die meisten Arten halten sich nicht gern am Boden auf. Daher werden höhere Terrarien mit einer Mindesthöhe von 50 cm benötigt.

EINRICHTEN SCHRITT FÜR SCHRITT
1. Bekleben Sie als erstes die Rückwand des Behälters mit Korkrinde, damit die Vogelspinne daran herumklettern kann. Soll das Terrarium nur von vorn einsehbar sein, können Sie in gleicher Weise mit einer oder beiden Seitenwänden verfahren, um dadurch die Bewegungsmöglichkeiten der Tiere weiter zu erhöhen. Aber Achtung: Die Lüftungsschlitze müssen

Die Einrichtung des Terrariums sollte sich an den Bedingungen im natürlichen Lebensraum der Tiere orientieren.

INFO

Unterirdisch lebende Bodenbewohner
Es gibt einige sehr versteckt lebende Vogelspinnen, oft als unterirdisch lebende Bodenbewohner bezeichnet, wie z.B. *Citharischius crawshayi*, die in der Natur bis 2 m lange, unterirdische Wohnröhren anlegt, in denen sie sich überwiegend aufhält. Bei solchen Vogelspinnen, die Anfängern übrigens nicht zu empfehlen sind, benötigt man ein großes und hohes Terrarium, in dem der Vordergrund flach gehalten wird, während das Substrat nach hinten ansteigt. In dem dabei entstehenden „Hügel", der etwa 20–25 cm hoch sein sollte, muss sich eine Wohnröhre mit Eingangsloch befinden, die z.B. aus einem großen, gebogenen Korkrindenstück bestehen kann, das im Substrat vergraben wurde. Da man solche Spinnen nur selten außerhalb ihres Verstecks zu sehen bekommt, kann es sinnvoll sein, den Unterschlupf so zu gestalten, dass er an einer der Seitenscheiben oder auch an der Rückseite des Terrariums offen ist. Dies hat den Vorteil, dass man die Spinne von Zeit zu Zeit einmal in ihrem Versteck kontrollieren kann. Wichtig ist allerdings, dass dieses „Guckloch" normalerweise mit einer dunklen Pappe oder Folie lichtundurchlässig verschlossen ist, die nur während der Kontrolle kurz entfernt wird.

unbedingt frei bleiben! Benutzen Sie Silikon und lassen Sie den Kleber vor dem Einsetzen der Spinne bei geöffneter Tür einige Tage aushärten.

2 Schneiden Sie einen dicken Obstbaumast mit einer Astgabel oder einen alten Rebstock so zu, dass er sich fest im Behälter verkeilen lässt und arrangieren Sie die vorgesehenen Pflanzen mit ihren Töpfen so im Behälter, dass ein hübscher Gesamteindruck entsteht.

3 Füllen Sie das Terrarium anschließend bis zum Rand der Blumentöpfe mit ungedüngter Blumenerde, der man zur besseren Wasserspeicherung etwas Torf untermischen kann, oder mit Vermiculit auf und bedecken Sie das Substrat dann mit einer Schicht Moos.

4 Stellen Sie den Trinknapf ins Terrarium und bringen Sie Thermometer und Hygrometer an.

5 Nehmen Sie Heizung und Beleuchtung in Betrieb und kontrollieren Sie die Bedingungen einige Tage lang, bevor Sie die Spinne einsetzen.

THEMA TIERKAUF

Das Angebot attraktiver Vogelspinnen ist in den letzten Jahren auch im Zoofachhandel immer größer geworden.

Nachdem das Terrarium fertig eingerichtet ist, steht nun endlich der Kauf der Spinne an. Die Entscheidung, ob es sich um eine Boden oder Baum bewohnende Art handeln soll, ist ja bereits vor dem Erwerb und der Einrichtung des Terrariums gefallen. Nun geht es darum, wo man die Spinne am besten erwirbt, ob es sich um ein Jungtier oder ein schon etwas älteres Exemplar handeln soll und ob man eine Nachzucht oder einen Wildfang erwerben möchte.

Kauf der Vogelspinne

Wo sollte man Vogelspinnen kaufen?
Vogelspinnen bekommt man im Zoofachhandel, auf Ausstellungen und Vogelspinnenbörsen oder über Inserate.

ZOOFACHHANDEL Wer seine Vogelspinne im Zoofachhandel erwerben möchte, sollte sich möglichst nach einem Händler umschauen, der Erfahrung mit dem Verkauf solcher Tiere hat, damit Sie auch tatsächlich die gewünschte Art sowie hilfreiche Tipps bekommen. Normalerweise müssen Sie damit rechnen, dass der Händler das entsprechende Tier erst beschaffen muss, was einige Tage dauert. Für den Zoofachhandel

spricht vor allem der kurze Transportweg; außerdem bekommen Sie bei einem guten Händler auch nach dem Kauf des Tieres noch Ratschläge und Hilfestellung bei Problemen.

AUSSTELLUNGEN UND BÖRSEN Der Kauf von Vogelspinnen auf Ausstellungen oder Börsen hat den großen Vorteil, dass die Auswahl bei solchen Veranstaltungen zumeist sehr groß ist. Und wenn Sie ausreichend Zeit mitbringen, bekommen Sie dort außerdem eine Menge an Informationen zur Haltung und Pflege des Tieres, das Sie erwerben. Wenn Sie Glück haben, hat der Züchter sogar das Muttertier mitgebracht, sodass Sie direkt einen Eindruck davon bekommen, wie Ihr Tier einmal aussehen wird. Ein Nachteil ist, dass Sie – im Gegenteil zum Zoofachhändler um die Ecke – bei später auftretenden Haltungsproblemen keinen Ansprechpartner haben.

FACHZEITSCHRIFTEN UND INTERNET Besonders bei ausgefallenen Arten ist der Kauf über Inserate die einzige Möglichkeit, sein Wunschtier zu erwerben. Suchen Sie sich Inserate in einer seriösen Fachzeitschrift heraus (◉ Seite 119) und berücksichtigen Sie, dass verantwortungsvolle Züchter in der kalten Jahreszeit oder im Hochsommer keine Tiere auf dem Postweg versenden. In den letzten Jahren werden Vogelspinnen auch vermehrt im Internet angeboten. Leider gibt es dort immer wieder „schwarze Schafe" die – in Unkenntnis oder auch absichtlich – nicht die richtigen Arten liefern. Manchmal hilft es schon, die oft langen Angebotslisten sorgfältig zu überprüfen. Finden Sie dort fehlerhafte Beschreibungen der Arten, ein falsches Herkunftsland oder Fantasienamen, die sonst nirgendwo auftauchen, sollten Sie auf eine Bestellung verzichten. Andererseits findet man im Internet aber auch immer wieder

CHECKLISTE

Das müssen Sie beim Kauf beachten

Erweben Sie kein Tier:

- das äußere Verletzung aufweist (gilt nicht für die „Glatze" bei Bombardierspinnen; ◉ Seite 18)

- bei dem die Gliedmaßen fehlen oder nicht vollständig sind

- dessen Abdomen nicht prall und rund wirkt

- deren Körper oder Gliedmaßen einen weißlichen Belag aufweisen (Pilzbefall)

- ohne einen Kaufvertrag, der die Herkunft des Tieres belegt

Hobbyzüchter, die einen Teil ihrer Jungtiere abgeben möchten, sodass man dort oft günstig Vogelspinnen erwerben kann.

Männchen oder Weibchen?

Diese Frage lässt sich sehr leicht beantworten: Im Normalfall sollten Sie ausschließlich Weibchen kaufen, weil diese häufig nicht nur hübscher gefärbt sind als Männchen, sondern auch deutlich länger leben. Denn während die Männchen normalerweise bereits 2–3 Jahre nach Geschlechtsreife eingehen, können Weibchen ein Alter von 10–12 und in Ausnahmefällen sogar bis zu 20 Jahren oder mehr erreichen. Und da man das Alter einer Vogelspinne bei Erwerb nicht genau abschätzen kann, hat man bei Kauf eines Männchens möglicherweise nur sehr kurze Zeit Freude an seinem Tier. Wer Vogelspinnen vermehren will, kommt um den Kauf eines Spinnenmännchens aber in der Regel nicht herum. Das kurzzeitige Ausleihen eines männlichen Tieres für die Begattung des Weibchens ist nur bedingt zu empfehlen, weil man bei den oft aggressiven Weibchen nicht garantieren kann, dass man den „Leihgatten" auch tatsächlich lebend an seinen Besitzer zurückgeben kann (◉ Seite 109).

Junge oder ausgewachsene Tiere?

Wer eine preisgünstige Vogelspinne sucht, sollte sich nach Jungtieren, so genannten Spiderlingen, umsehen. Bei diesen Tieren handelt es sich in der Regel um Nachzuchten, die – im Interesse des Schutzes der Tiere in ihrem natürlichen Lebensraum – vorzuziehen sind. Allerdings ist die Aufzucht von Jungspinnen gerade für Neueinsteiger nicht ganz einfach, sodass immer auch mit Verlusten zu rechnen ist. Daher kann es gerade für

Die zum Kauf angebotenen Vogelspinnen sind meist Weibchen, die eine höhere Lebenserwartung haben als Männchen.

einen Anfänger durchaus sinnvoll sein, trotz des höheren Preises ein bereits geschlechtsreifes Tier zu erwerben, um sich so die Frustration eines möglichen, frühen Verlustes der Vogelspinne zu ersparen.

Wildfänge

Von einigen Vogelspinnen-Arten sind Nachzuchten überhaupt nicht oder nur in geringer Zahl im Handel, sodass es sich bei der Mehrzahl der angebotenen Tiere um Exemplare handelt, die der Natur entnommen und dann nach Europa transportiert wurden. Wer diese Praxis nicht unterstützen möchte, sollte sich nach einer anderen Art umschauen.

Die richtige Art auswählen

	Herkunft	Arten für Einsteiger	Arten für Fortgeschrittene
Boden bewohnende Arten	Amerika	Aphonopelma bicoloratum Aphonopelma chalcodes Brachypelma albopilosum Brachypelma auratum Brachypelma vagans Grammostola grossa Grammostola pulchra Grammostola rosea Vitalius wacketi	Acanthoscurria geniculata Acanthoscurria musculosa Aphonopelma caniceps Aphonopelma seemanni Brachypelma boehmei Brachypelma emilia Brachypelma smithi Chromatopelma cyaneopubescens Ephebopus murinus Eucratoscelus pachypus Lasiodora klugi Lasiodora parahybana Lasiodorides striatus Megaphobema mesomelas Megaphobema robustum Pamphobeteus ornatus Phormictopus cancerides Theraphosa blondi Xenesthis immanis
	Asien		Haplopelma albostriatum Haplopelma lividum
	Afrika		Ceratogyrus bechuanicus Ceratogyrus darlingi Citharischius crawshayi Hysterocrates hercules Pterinochilus murinus
	Herkunft	**Arten für Einsteiger**	**Arten für Fortgeschrittene**
Baum bewohnende Arten	Amerika	Avicularia avicularia Avicularia metallica Avicularia minatrix Avicularia versicolor	Avicularia aurantiaca Psalmopoeus cambridgei Psalmopoeus irminia
	Asien		Poecilotheria formosa Poecilotheria ornata Poecilotheria regalis
	Afrika		Heteroscodra maculata Stromatopelma calceatum

- **Geeignete Futtertiere**
  78

- **Futtermenge**
  78

- **Fütterungszeit**
  79

- **Zucht von Futtertieren**
  80–81

THEMA **FÜTTERUNG**

THEMA ERNÄHRUNG

Vogelspinnen füttern

Geeignete Futtertiere

In der Natur besteht die Nahrung der meisten Vogelspinnen aus Insekten, und auch unsere Terrarienbewohner lassen sich mit den Insekten ernähren, die im Zoofachhandel erhältlich sind. Außerdem kann man Futtertiere auch selbst ziehen. Ideale Futtertiere sind Heimchen, Grillen, Schaben, Fliegen, Wanderheuschrecken und gelegentlich Mehlwürmer. Sehr großen Arten kann man auch Mäuse oder gar Küken anbieten, während sehr kleine Jungspinnen anfangs mit winzigen Taufliegen, Springschwänzen oder frisch geschlüpften Heimchen gefüttert werden müssen (◉ Seite 78). Im Normalfall sollten Sie Ihren Vogelspinnen lebendes Futter anbieten. Manche Exemplare nehmen auch tote Nahrungstiere an, sodass man Insekten, die nicht benötigt wurden, eventuell auch einfrieren und später verwenden kann.

GRÖSSE DER FUTTERTIERE Wie groß die Futtertiere für eine Spinne höchstens sein dürfen, lässt sich schwer voraussagen, denn manchmal zeigen sogar verschiedene Exemplare der gleichen Art ein unterschiedliches Verhalten, wenn es um die Größe von Beutetieren geht. Daher muss man bei neu erworbenen Spinnen zumeist ein wenig experimentieren. Im Normalfall sollte man anfangs Futtertiere wählen, die etwa nur ein Drittel so groß wie die Spinne (mit Beinen) sind. Werden diese angenommen, kann man mit größeren Insekten versuchen.

Die richtige Futtermenge

Werden die Spinnen mit Heimchen oder Grillen ernährt, sollten ausgewachsenen Vogelspinnen einmal pro Woche 2–3 Futtertiere bekommen. Jungtiere füttert man alle zwei Tage. Wenn Sie eine sehr große Arten pflegen und diese mit Mäusen füttern, wird normalerweise nur einmal im Monat eine ausgewachsene Maus benötigt. Allerdings handelt es sich bei diesen Angaben nur um Richtwerte, sodass man auch bei der Futtermenge ein wenig herumprobieren muss. Werden innerhalb kurzer Zeit alle Insekten gefressen, kann man noch weitere Futtertiere anbieten.

NICHT ZU VIEL Dabei darf man die Spinnen aber nicht überfüttern, denn es gibt einige Arten, die nie genug bekommen können. Wenn bei einem Ihrer Tiere der Hinterleib deutlich anschwillt (er darf im Normalfall nicht viel größer sein als der Vorderkörper), sollten Sie weniger füttern. Überernährte Exemplare leben in ständiger Gefahr, weil bei ihnen die Haut des empfindlichen Abdomens so stark gespannt ist, das sich die Verletzungsanfälligkeit um ein Vielfaches erhöht. Andere Spinnen regeln die richtige Futtermenge selbst und lassen überzählige Beutetiere unberührt. In einem solchen Fall sollten Sie die überzähligen Insekten herausfangen und beim nächsten Mal weniger füttern.

Um die richtige Futtermenge für verschiedene Arten herauszufinden, muss man anfangs oft ein wenig herumprobieren.

NICHT ZU WENIG Allerdings gilt es darauf zu achten, dass die Spinnen nicht abmagern, denn unterernährte Exemplare lassen sich schwer wieder aufpäppeln. Versuchen Sie es in solchen Fällen mit anderen Futtertieren und überprüfen Sie die äußeren Bedingungen: Ist Ihre Spinne artgerecht untergebracht? Gehen die Tiere vielleicht nicht auf Beutefang, weil es im Terrarium zu hell ist oder weil in der näheren Umgebung zu viel Unruhe herrscht? Zu beachten ist in diesem Zusammenhang auch, dass Vogelspinnen, die vor der Häutung stehen oder die einen Kokon bewachen, nichts fressen. Dies ist eine normale Verhaltensweise. Besonders bei Spinnen , die kurz vor der Häutung stehen, müssen alle Futtertiere wieder herausgefangen werden, weil Vogelspinnen in dieser Phase absolut wehrlos sind, sodass sie selbst durch Heuschrecken verletzt werden können.
GESCHLECHTSABHÄNGIGE MENGE Weibchen fressen nach der Paarung oft mehr als unter normalen Umständen und auch der Hinterleib kann wegen der Produktion der oft zahlreichen Eier anschwellen. Weiterhin ist zu beachten, dass Männchen allgemein weniger fressen als Weibchen, sodass die Futtermenge entsprechend angepasst werden muss.

Wann wird gefüttert?

Diesbezüglich lassen Ihnen Ihre Spinnen völlig freie Hand. Auf Beutefang gehen Vogelspinnen nur nachts oder während der Dämmerung. Wann Sie die Futtertiere ins Terrarium setzen, ist für die Tiere ohne Belang.

THEMA FUTTERTIERZUCHT

Die leicht zu vermehrenden Heimchen gehören zu den beliebtesten Futtertieren für Vogelspinnen.

Der Aufbau einer eigenen Futtertierzucht lohnt sich, wenn eine größere Zahl von Vogelspinnen gehalten wird oder die nächste Zoohandlung, in der es Lebendfutter gibt, sehr weit entfernt ist. Da die Vermehrung von Futtertieren nicht ganz ohne Geruchsbelästigung möglich ist, sollte ein geeigneter Raum zur Verfügung stehen.

Zucht von Futtertieren

Heimchen und Grillen
Heimchen und Grillen gehören zu den beliebtesten Futterinsekten für Vogelspinnen, denn sie werden gern gefressen und lassen sich leicht in ausreichender Zahl vermehren.

HEIMCHEN Bei den Heimchen (*Acheta domesticus*) handelt sich um ca. 2 cm große, hellbraune Tiere mit dunkler Zeichnung, die nach ca. sechs Wochen ausgewachsen sind und dann etwa ebenso lange leben.

ZUCHTBEHÄLTER Am einfachsten kann die Haltung und Vermehrung der Heimchen in einem Plastikaquarium erfolgen. Verschlossen wird das Zuchtterrarium mit einem gut passenden Holzrahmen, der zur ausreichenden Belüftung mit Gaze oder Fliegendraht bespannt wurde. Weil sich die Insekten am besten bei einer konstant hohen Temperatur von 25–30 °C fortpflanzen, sollte man ein Heizkabel oder eine Glühbirne einplanen, mit dem der Behälter erwärmt wird. Um die Lauffläche zu vergrößern, kann man außerdem im Behälter einige Eierkartons stapeln; zur Eiablage dienen 10 cm große, etwa 5 cm hohe Schalen, die man mit feuchtem Sand, Torf oder Aussaaterde füllt.

FUTTER Gefüttert werden die Heimchen mit Haferflocken, Weizenkleie, Fischflockenfutter oder Hundeflocken; außerdem bekommen

Großen Vogelspinnen kann man auch Heuschrecken anbieten, etwa die hier abgebildeten Wanderheuschrecken.

die Insekten Feuchtfutter, etwa Karotten, Salat, Äpfel und anderes Obst, das alle zwei bis drei Tage erneuert werden muss.
VORSICHT AUSBRUCHGEFAHR Wichtig ist, dass die Tiere beim Füttern oder Herausfangen nicht entkommen. Ist es den nachtaktiven Insekten gelungen zu entwischen, sind sie nur sehr schwer wieder einzufangen. Die Folge ist ein nervtötendes, abendliches bzw. nächtliches Gezirpe der Männchen; außerdem bleibt Nachwuchs nicht lange aus, wenn erst einmal mehrere Tiere entwichen sind.
TIERE FANGEN Damit beim Fangen keine Tiere entkommen, legt man eine enghalsige Flasche in das Aquarium. Wenn ein paar Tiere in die Flasche gekrabbelt sind, kann man diese herausnehmen.

Wanderheuschrecken

Wer größere Futtertiere benötigt, sollte es mit der Ägyptischen Wanderheuschrecke (*Locusta migratoria*) versuchen. Die Weibchen werden etwa 6 cm groß; die Männchen sind kleiner. Frisch geschlüpfte Tiere haben eine Größe von 8–10 mm und eigenen sich gut zur Fütterung von kleineren Spinnenarten und von Jungtieren. Weitere Vorteile von Wanderheuschrecken sind: Sie zirpen nicht so ausdauernd wie Heimchen, entkommene Tiere lassen sich besser einfangen, da sich die tagaktiven Insekten an hellen Stellen aufhalten, außerdem vermehren sie sich bei Zimmertemperatur nicht, sodass sich das Problem von selbst erledigt.
DIE HALTUNG erfolgt ähnlich wie bei den Heimchen, die Temperatur muss allerdings etwas höher liegen (zwischen 30–35 °C). Für die Ernährung verwendet man Haferflocken, Weizenkleie oder zerriebenes Pressfutter (Mäuse- oder Kaninchenpellets); als Frischfutter kann Obst (Äpfel, Birnen), Gemüse (geschabte Karotten, Salat) sowie Keimweizen dienen. Letzterer lässt sich mithilfe von handelsüblichen Keimgeräten herstellen.

Zucht von Taufliegen

Besonders Jungspinnen brauchen häufig sehr kleine Futtertiere, um über die schwierigen ersten Wochen zu kommen. Sehr gut bewährt hat sich die Taufliege oder Kleine Essigfliege (Drosophila melanogaster). Anlocken kann man die nur etwa 2,5 mm großen Insekten z.B. mit einer alten Banane; noch besser ist es, sich eine der stummelflügeligen Varianten zu besorgen, die praktisch flugunfähig und leichter zu handhaben sind.

ZUCHTBEHÄLTER Geeignet sind Gläser oder durchsichtige Plastikdosen von 5–10 cm Durchmesser, die mit Gaze oder Schaumstoffstopfen verschlossen werden.

ERNÄHRUNG Ernährt werden die Fliegen mit Futterbrei z.B. aus zerdrücktem Obst, das mit Obst- oder Weinessig angesäuert und mit Trockenhefe versetzt wird. Er wird ca. 2 cm hoch in die Zuchtgefäße gefüllt. Nach dem Zerkleinern wird der Brei mit Grieß oder Semmelbröseln angedickt und zwar so stark, dass sich auch nach einer Stunde keine Flüssigkeit auf der Oberfläche absetzt. Als Ruheplatz steckt man noch ein gefaltetes Papier, Strohhalme oder ein Kunststoffnetzchen in den Brei und wenn dann noch für eine Temperatur von 20–25 °C sowie Tageslicht gesorgt wird, steht einer optimalen Entwicklung der Fliegen nichts im Wege.

PARALLELKULTUREN Um ständig Nachschub an Futtertieren zu haben, ist es ratsam, vier zeitlich versetzte Parallelkulturen anzulegen. Dazu setzt man in jedes Zuchtgefäß etwa 50 bis 100 Fliegen. Nach einer Woche werden die Tiere in ein neues Gefäß überführt, während im alten Glas nun Jungtiere schlüpfen, die nach einer weiteren Woche verfüttert werden können. Nach der zweiten Woche ist der Futterbrei ausgelaugt und muss erneuert werden. Manchmal droht der Brei aber auch schon vorher auszutrocknen. Ist das der Fall, kann man mit ein wenig Essigwasser nachfeuchten. Allerdings darf der Brei nicht zu nass werden, weil die Fliegen sich sonst leicht ihre Flügel verkleben und eingehen.

Die Jungtiere einiger Vogelspinnen-Arten benötigen anfangs sehr kleine Futtertiere, etwa Taufliegen.

Für das Überwältigen ihrer Beutetiere sind Vogelspinnen mit kräftigen Klauen ausgestattet.

VOR DEM VERFÜTTERN sollte man die Aktivität der Fliegen herabzusetzen, damit möglichst wenige von ihnen entkommen. Dazu stellt man das Glas mit den Insekten einfach etwa halbe Stunde in den Kühlschrank. Sind dennoch einige der Taufliegen in die Wohnung entflogen, kann man sie mit einem Glas mit etwas Futterbrei wieder einfangen.

Zucht von Springschwänzen

Frisch geschlüpfte Jungtiere einiger Vogelspinnen-Arten haben z.T. sogar noch Probleme mit Taufliegen, sodass man es mit Springschwänzen (Collembolen) versuchen sollte. Für die Zucht eignen sind der Schneeweiße Gleichringler (*Folsomia candida*) oder der Blinde Laufspringer (*Sinella coeca*).
ZUCHTGEFÄSSE Verwendet werden Plastikbehälter von ungefähr 20 x 10 x 8 cm verwendet, z.B. leere Speiseeisdosen, die man ungefähr 3 cm hoch mit feuchtem Torf oder mit einem Gemisch aus ungedüngter Blumenerde und Eichen- oder Buchenlaub füllt.
FUTTER Dünne Kartoffelscheiben, auch geschnittene Äpfeln, Möhren, Gurken oder Haferflocken, Bäckerhefe und mit Algen bewachsene Rindenstückchen. Den stets leicht feucht gehaltenen Ansatz kann man bei Zimmertemperatur aufbewahren.
SPRINGSCHWÄNZE VERFÜTTERN Etwa zehn Tage nach dem Ansetzen der Kultur füllt man vorsichtig etwas Wasser in das Zuchtgefäß und gießt die Flüssigkeit dann durch ein Teesieb wieder ab, um die vom Sieb zurückgehaltenen Tiere dann zu verfüttern.

TIPP

Taufliegen umsetzen
Damit beim Überführen von einem Glas ins andere nicht zu viele Tiere entweichen, gehen Sie am besten folgendermaßen vor:
1. Klopfen Sie das Glas zunächst einmal kräftig auf den Tisch. Dadurch sind die Tiere leicht benommen und fliegen nicht so schnell auf.
2. Halten Sie das neue Gefäß nun mit der Öffnung über das geöffnete alte Glas und drehen Sie beide um, damit das neue Zuchtgefäß nun unten steht.
3. Klopfen Sie beide Gläser nun kräftig auf den Tisch, damit die Fliegen in das untere, mit frischem Futterbrei gefüllte Gefäß fallen und verschließen Sie die Zuchtbehälter dann so schnell wie möglich.

- **Pflege des Terrariums**
  86–89
- **Umgang mit Vogelspinnen**
  90–93
- **Solutionfinder Verhalten**
  94–95
- **Häutung**
  96–97
- **Verletzte oder kranke Vogelspinnen**
  98–100
- **Solutionfinder Krankheiten und Parasiten**
  101

THEMA **PFLEGE UND GESUNDHEIT**

Pflege des Terrariums

Wie bereits mehrfach erwähnt, sind Vogelspinnen vergleichsweise einfache Pfleglinge. Und das gilt nicht nur für die Fütterung, sondern ebenso für die Instandhaltung des Terrariums. Aber natürlich gibt es auch ein paar Pflegemaßnahmen, die regelmäßig durchgeführt werden müssen.

Wassernapf befüllen

Eine der Pflegearbeiten, die unbedingt täglich durchgeführt werden sollte, ist die Kontrolle und das Befüllen des Wassernapfes, denn die meisten Vogelspinnen müssen regelmäßig Flüssigkeit aufnehmen können. Besonders wichtig ist das Auswechseln des Wassers bei Tieren, die gern Kotreste im Trinknapf absetzen, was bei einigen Arten aus unerfindlichen Gründen der Fall ist.

Kontrolle des Terrariums

Sehr regelmäßig muss man auch die im Terrarium herrschende Luftfeuchtigkeit überprüfen und diese – wenn nötig – erhöhen oder verringern. Im erstgenannten Fall geschieht das durch Besprühen des Behälters oder Befeuchten des Bodengrundes, im letztgenannten durch zusätzliche Belüftung. Einzelheiten zu den jeweiligen Ansprüchen bei der Luftfeuchtigkeit finden Sie im Artenteil (◉ Seite 21–45). Außerdem sollten Sie von Zeit zu Zeit einen Blick auf die Temperatur im Terrarium werfen. Denken Sie dabei auch an die Nachtabsenkung, die sich mit einem so genannten Maximum-Minimum-Thermometer leicht kontrollieren lässt (◉ Seite 60). Weiterhin wird der äußere Zustand des Terrariums täglich kurz überprüft: Liegen tote Futtertiere oder Kotreste auf dem Boden? Diese sollten Sie schnell entfernen, damit sich kein Schimmel bilden kann. Am Tag nach der Fütterung kontrolliert man außerdem, ob die Spinne alle Futtertiere gefressen hat. War das mehrmals nicht der Fall, wartet man zunächst einmal ab, ob nicht vielleicht eine Häutung oder eine Eiablage bevorsteht. Ansonsten kann es notwendig sein, die Fütterungsstrategie zu modifizieren (◉ Seite 78).

Kontrolle der Tiere

Zur täglichen Routine sollte auch eine Kontrolle der Tiere gehören. Achten Sie dabei auf folgende Dinge: Wirkt die Spinne gesund? Sind Verletzungen sichtbar? Gibt es Anzeichen von Parasiten- oder Pilzbefall, gegen die man Maßnahmen ergreifen muss (◉ Seite 101? Lassen sich Anzeichen einer bevorstehenden Häutung erkennen (◉ Seite 96)? Bei Exemplaren, die sehr versteckt leben, sollten Sie das vorgefertigte Versteck so anlegen, dass sie das Tier von Zeit zu Zeit durch die Terrarienrück- oder Seitenwand in seinem Unterschlupf kontrollieren können.

Verhaltensregeln bei der Pflege

Da die meisten Pflegearbeiten während des Tages oder in den frühen Abendstunden durchgeführt werden, wird sich die Spinne mit einiger Wahrscheinlichkeit in ihrem Versteck befinden und auch nicht freiwillig herauskommen, oder sie wird sich unverzüglich in ihren Unterschlupf zurückziehen, wenn Sie das Terrarium öffnen. Sollte das Tier drohen oder Warnlaute hören lassen, empfiehlt es sich, die Pflegemaßnahmen zu verschieben, bis die Spinne sich zurückgezogen hat.

Lassen Sie sich nicht von ruhig dasitzenden Tieren täuschen – Vogelspinnen sind flinker als man glaubt.

Benutzen Sie bei der Arbeit im Terrarium eine große Pinzette, beispielsweise um tote Futtertiere zu entfernen, aber auch Handschuhe, um sich vor möglichen Angriffen zu schützen. Und verlassen Sie sich niemals darauf, dass Ihre Spinne sie nicht attackiert, nur weil sie sich in der Vergangenheit immer ausgesprochen friedlich verhalten hat!

Sorgen Sie für eine Urlaubsvertretung, die auch ein solcher Anblick nicht vom Füttern abhält.

Versorgung im Urlaub

Wie bereits ausgeführt, halten es gesunde, gut genährte Vogelspinnen durchaus einige Wochen ohne Nahrung aus, sodass eine zwei- bis dreiwöchige Abwesenheit kaum ein Problem ist. Etwas schwieriger ist da schon die Versorgung der Tiere mit Wasser und die Aufrechterhaltung der notwendigen Luftfeuchtigkeit im Terrarium. Gibt es keine Vogelspinnenhalter oder zumindest erfahrene Terrarianer, die Sie mit der Betreuung Ihrer Spinne beauftragen können, sollten Sie das Terrarium folgendermaßen auf Ihre Abwesenheit vorbereiten:

CHECKLISTE

Pflegeplan

Täglich
- Trinkwasser nachfüllen.
- Tiere auf Anzeichen von Krankheiten und Verletzungen überprüfen.
- Temperatur und Luftfeuchtigkeit kontrollieren.
- Am Tag nach der Fütterung überzählige Futtertiere herausfangen.

Alle 2–3 Tage
- Getötete und nicht oder nur teilweise gefressene Futtertiere, Kotreste und andere Abfälle entfernen, da diese bei der hohen Luftfeuchtigkeit sehr schnell schimmeln.
- Feuchtigkeit des Bodengrundes überprüfen.
- Trinknapf heiß auswaschen und neu befüllen.
- Pflanzen gießen.

Alle 2–3 Wochen
- Terrarienscheiben mit warmem Wasser (ohne Haushaltsreiniger) säubern (bei Arten, die ihren Kot vorzugsweise gegen die Scheiben spritzen, muss dies möglicherweise häufiger geschehen).

Alle 3–4 Monate
- Pflanzen zurückschneiden und welke Blätter entfernen.
- Pflanzen mit organischem Dünger versorgen.

Alle 6–12 Monate
- Terrarium ausräumen und alle Einrichtungsgegenstände sowie den Behälter sorgfältig mit heißem Wasser (ohne Haushaltsreiniger) säubern (Spinne dazu umsetzen).
- Bodengrund erneuern.
- Eventuell Pflanzen austauschen.

---

1. Entfernen Sie tote Futtertiere und andere Abfälle aus dem Behälter.
2. Stellen Sie einen zusätzlichen Trinknapf auf und befüllen Sie beide Gefäße bis zum Rand mit Wasser.
3. Wässern Sie den Boden noch einmal kräftig und gießen Sie die Pflanzen.
4. Stellen Sie die Heizung des Terrariums ab, um die Temperatur etwas abzusenken. Kühlere Phasen kommen auch in der Natur immer wieder einmal vor und schaden den Tieren daher nicht.
5. Schließen Sie im Sommer die Rollläden- oder Übergardinen, damit das Zimmer sich nicht zu stark erwärmen kann, während Sie im Winter die Raumheizung so einstellen müssen, dass die Temperatur nicht unter 18 °C absinkt. Bei einem Urlaub von mehr als drei Wochen sollten Sie sich allerdings unbedingt nach einer geeigneten Urlaubsvertretung umsehen, die Ihre Tiere zuverlässig betreut, damit nach der Rückkehr keine unliebsamen Überraschungen auf Sie warten.

THEMA RICHTIGER UMGANG

Auch bei friedlichen Exemplaren könnten die kräftigen Giftklauen vielleicht einmal eingesetzt werden.

Wie fängt man eine Spinne am besten heraus, wenn das Terrarium gründlich gereinigt werden soll? Kann man eine Vogelspinne in die Hand nehmen, um sie auf Verletzungen zu untersuchen oder das Geschlecht genau zu bestimmen? Gerade Anfänger, die auf diese und ähnliche Fragen oft keine Antwort wissen, sollen mit den folgenden Ratschlägen unterstützt werden.

Umsichtig mit einer Vogelspinne umgehen

Vogelspinnen einfangen

Um eine Vogelspinne einzufangen, benutzt man am besten ein leichtes Kunststoffgefäß. Bei kleineren Exemplaren kann es sich dabei um eine Heimchendose handeln, die wahrscheinlich jeder Vogelspinnenhalter besitzt, weil der Zoofachhandel darin Futtertiere zum Verkauf anbietet. Bei sehr großen Spinnen muss man sich dagegen nach größeren Behältern umsehen, die natürlich ebenfalls durchsichtig sein müssen, wenn eine Spinne auf Verletzungen untersucht werden soll. Für Spiderlinge sind Filmdosen sehr praktisch. Halten Sie zum Einfangen das Unterteil des Kästchens vor die Spinne und versuchen Sie, das Tier dann mit Hilfe des Deckels vorsichtig in den Behälter zu drücken. Vogelspinnen, die diese Prozedur schon einige Male über sich ergehen lassen mussten, machen dabei zumeist wenig Schwierigkeiten, während Neuerwerbungen, vor allem wenn es sich um Wildfänge handelt, häufig heftig drohen, wenn sie auf diese Weise in die Enge getrieben werden. Wichtig ist einem solchen Fall die nötige Geduld. Versuchen sie es immer wieder und scheuen Sie sich nicht, Handschuhe zu tragen, auch wenn in den meisten Vogelspinnenbüchern die Handhabung immer mit bloßen Händen gezeigt wird. Sollten alle Versuche scheitern, können sie die Heimchendose auch über die Spinne stülpen und den Deckel dann ganz langsam und vor-

Hoch aufgerichtete Vorderextremitäten sollten immer als deutliche Warnung des Tieres aufgefasst werden.

sichtig unter den Behälter schieben. Anschließend kann man die Spinne problemlos herausnehmen, um sie sich genau anzuschauen oder sie in ein anderes Terrarium zu setzen. Da Vogelspinnen die meiste Zeit in ihrem Unterschlupf sitzen oder zumindest schnell in ihr Versteck flüchten, wenn die Terrarientür geöffnet wird, empfiehlt es sich, den Unterschlupf beim Einrichten so zu gestalten, dass er leicht aus dem Behälter genommen werden kann, um leichteren Zugang zum Tier zu haben.

Spinnen mit der Pinzette ergreifen

Viele Vogelspinnenhalter benutzen zum Einfangen ihrer Vogelspinnen große, etwa 30 cm lange, vorn abgerundete Pinzetten. Damit kann man die Spinne ganz vorsichtig von der Seite her zwischen dem zweiten und dritten Beinpaar am Cephalothorax ergreifen (niemals am Abdomen oder an der dünnen Verbindung zwischen Vorder- und Hinterleib), um sie dann herauszunehmen.

Ganz so gefährlich wie sich dies für die Spinnen anhören mag, ist es glücklicherweise nicht, aber gerade Anfänger drücken – zumeist selbst noch etwas verunsichert und nervös – häufig viel zu fest zu und können das Tier dabei verletzen. Aber auch wenn der Griff mit der Pinzette zu locker ist, kann diese Prozedur für die Spinne zur Gefahr werden, weil sie sich dann möglicherweise befreien kann. Und geschieht das beim Herausnehmen aus dem Terrarium, stürzt sie möglicherweise aus größerer Höhe ab und verletzt sich das empfindliche Abdomen. Daher sollten Sie diese Methode auch erst dann anwenden, wenn Sie etwas Erfahrung im Umgang mit Vogelspinnen gesammelt haben, sodass Sie sich bei der Handhabung sicher fühlen.

Vogelspinnen in die Hand nehmen

Im normalen Umgang ist eher unnötig, wird aber doch immer wieder praktiziert: Vogelspinnen in die Hand nehmen. Für den Fall, dass Sie zu den Spinnenhaltern gehören, die auf einen derart engen Kontakt mit Ihren Pfleglingen nicht verzichten wollen, sollten Sie dies nur mit Tieren versuchen, die Sie sehr gut kennen und die sich im täglichen Umgang als nicht aggressiv erwiesen haben. Am wenigsten gefährlich ist ein solcher Umgang mit sehr alten Weibchen, aber auch bei ihnen lassen sich unerwartete Angriffe nicht völlig ausschließen.

VERLETZTES TIER Es gibt allerdings auch Anlässe, bei denen man den direkten Kontakt nicht vermeiden kann, beispielsweise wenn eine Verletzung behandelt werden muss. Am einfachsten ist es, die betreffende Spinne in einem solchen Fall zunächst in einem Kästchen einzufangen und dieses dann für 5–10 Minuten in den Kühlschrank zu stellen, um die Lebensfunktionen des Tieres ein wenig herabzusetzen. Ergreifen Sie die Spinne dann mit Daumen und Mittelfinger zwischen dem zweiten und dritten Beinpaar, also dort, wo Sie auch die Pinzette ansetzen würden, und legen Sie den Zeigefinger auf den Carapax, um das Tier möglichst ruhig zu halten.

KEINE GEFAHR Wurde der Griff richtig ausgeführt, ist die Spinne nicht in der Lage, Sie mit den Giftklauen zu erreichen. Daher kann nichts passieren, auch wenn die normalen Lebensfunktionen der Spinne zurückkehren. Dennoch sollte man versuchen, die Behandlung möglichst zügig durchzuführen, denn viele Exemplare versuchen sich mit zunehmender Erwärmung durch heftige Bewegungen aus dem Griff zu befreien, was die Handhabung deutlich erschwert.

Auch wenn sich einige Vogelspinnen auf die Hand nehmen lassen – wohl fühlen werden sich die Tiere dort nicht.

ZAHME TIERE Einige Vogelspinnen, etwa bestimmte *Avicularia*- oder *Grammostola*-Arten, können im Terrarium aber auch so zahm werden, dass sie (fast freiwillig) auf die Hand kommen. Halten Sie die offene Handfläche dazu direkt vor die Spinne und stupsen Sie das Tier dann mit einem Finger der anderen Hand leicht von hinten an. Achten Sie auch hier darauf, dass Ihnen die Vogelspinne beim Herumtragen nicht aus größerer Höhe auf den Boden herabstürzt.

Vogelspinnen versenden

Wer Vogelspinnen züchtet, wird kaum daran vorbeikommen, von Zeit zu Zeit einmal Tiere zu verschicken, seien es Jungspinnen, die man selbst nachgezogen hat oder auch ausgewachsene Exemplare, die man abgeben möchte. Bei den wirbellosen Vogelspinnen ist der Versand auf dem normalen Postwege übrigens gestattet. Allerdings gibt es dabei einiges zu beachten:

ZEITPUNKT Die beste Zeit, um Vogelspinnen zu verschicken, sind das Frühjahr oder der Herbst. Bei Temperaturen von unter 10 °C und über 30 °C verringert sich die Chance, dass die Tiere gesund beim Empfänger ankommen, ganz beträchtlich.

Die in Asien heimische Poecilotheria formosa **gehört zu den Arten, die man keinesfalls auf die Hand nehmen sollte.**

BEHÄLTER Setzen Sie Spiderlinge in eine mit Luftlöchern versehene Filmdose aus Kunststoff, in die zuvor ein Stück zerknülltes Haushaltspapier gesteckt wurde. Für größere Exemplare verwendet man einen Kunststoffbehälter, in den die Tiere gerade hineinpassen. Steht ein solches Kästchen nicht zur Verfügung, nimmt man einen etwas größeren Behälter, etwa eine Heimchendose, und füllt den verbleibenden Platz so mit locker zerknülltem Haushaltspapier aus, dass die Spinne nicht ständig hin- und herrutscht. Außerdem legt man einige leicht angefeuchtete Streifen Küchenpapier dazu, damit die Tiere während des Transportes nicht austrocknen. Stellen Sie die Film- oder Heimchendose in einen festen Karton und polstern Sie die Zwischenräume anschließend sorgfältig mit Watte oder zerknülltem Zeitungspapier aus.
ISOLIERUNG Bei ungünstigen Witterungsbedingung ist ratsam, die Dose oder das Kästchen mit der Spinne vorher noch in eine isolierende Styroporbox zu stellen. Für das Versenden in der kühleren Jahreszeit gibt es im Fachhandel außerdem so genannte Taschenwärmer oder Heat-Packs, die für eine zusätzliche Erwärmung des Transportbehälters sorgen. Möglich ist das, weil das verwendete Material bei Kontakt mit Sauerstoff eine leichte Wärme entwickelt und zwar ohne, dass dabei giftige Gase entstehen. Um den Kontakt mit dem Luftsauerstoff herzustellen, nimmt man die Heat-Packs kurz vor dem Versand des Päckchens aus ihrer Vakuumverpackung und legt sie dann in die Styroporbox, aber nicht direkt neben das Kästchen mit der Spinne, weil es ihr sonst möglicherweise zu warm wird. Nach dem Entfernen der Vakuumverpackung hält die Wirkung der Heat-Packs etwa 24 Stunden an.
SCHNELLER WEG Wählen Sie beim Verschicken Ihrer Vogelspinne die schnellste Versandform, um die Gefährdung für die Tiere möglichst gering zu halten.

SOLUTIONFINDER **VERHALTEN**

▶ BEOBACHTUNG	▶ GRUND FÜR DAS VERHALTEN	▶ REAKTION
Ihre Spinne richtet den Vorderkörper auf, öffnet die Cheliceren, hebt die Vorderbeine.	Es handelt sich um Warnsignale, durch die viele Vogelspinnen bei einer Bedrohung ihre Angriffsbereitschaft signalisieren (◉ auch Seite 19).	Ziehen Sie Ihre Hand unverzüglich aus der Nähe des Tieres zurück, damit Sie nicht gebissen werden.
Ihre Spinne duckt sich an den Boden und bedeckt den Cephalothorax mit den Hinterbeinen.	In Unruhe versetzte Bombardierspinnen kündigen auf diese Weise das Abstreifen der Brennhaare an (◉ auch Seite 18).	Ziehen Sie sich schnell aus der Nähe des Tieres zurück und ve schließen Sie das Terrarium, damit eventuell abgeschleuderte Reizhaare sich nicht in der Wohnung verteilen und dann i die Augen und Atemwege eindringen.
Während Sie im Terrarium hantieren, gibt die Spinne plötzlich zischende oder zirpende Geräusche von sich.	Es handelt sich um akustische Warnsignale, die von einigen Vogelspinnen-Arten bei einer Bedrohung mit speziellen Borsten an den Cheliceren, Tastern oder Vorderbeinen erzeugt werden (◉ auch Seite 19).	Nehmen Sie solche Warnsignal ernst und verschieben sie die beabsichtigte Pflegemaßnahme bis das Tier sich beruhigt oder in seinen Unterschlupf zurückgezogen hat.
Eine neu erworbene Vogelspinne zieht sich nach jeder Fütterung hastig in ihr Versteck zurück und verlässt es dann nicht mehr.	Man findet immer wieder einmal Exemplare, die vor Futtertieren zurückschrecken, die für ihre Größe eigentlich gut geeignet sein müssten.	Versuchen Sie es zunächst mit kleineren Futtertieren (◉ Seite 78). Später kann die Größe dann schrittweise wieder erhöh werden.
Ihre Spinne wird träge, frisst nicht mehr, sondern zieht sich in ihr Versteck zurück und spinnt den Eingang zu.	Das Tier bereitet sich vermutlich auf eine Häutung vor (◉ Seite 96).	Sorgen Sie für eine optimale Luftfeuchtigkeit, stellen Sie die Fütterung ein und stören Sie das Tier dann nicht mehr, bis die neue Haut vollkommen aus gehärtet ist.

BEOBACHTUNG	GRUND FÜR DAS VERHALTEN	REAKTION
Ein Vogelspinnen-Männchen wird plötzlich sehr unruhig und sucht ständig nach einer Möglichkeit, aus dem Terrarium zu entkommen.	Wahrscheinlich hat das Tier seine Bulben mit Sperma gefüllt und ist nun auf der Suche nach einem Weibchen (Seite 108).	Suchen Sie nach Resten des Spermanetzes (Seite 106), um diese Vermutung zu stützen. Finden Sie die Überbleibsel eines solchen Netzes, kann eine Paarung mit einem geschlechtsreifen Weibchen versucht werden.
Ein Weibchen beginnt plötzlich verstärkt im Boden zu graben, verweigert die Nahrung und spinnt sich dann in seinem Unterschlupf ein.	Wenn zuvor eine Paarung stattgefunden hat, steht jetzt vermutlich die Eiablage bevor (Seite 110).	Stellen Sie die Fütterung ein und halten Sie jede Form der Beunruhigung von dem Tier fern.
Ein Weibchen, das ein Gelege bewacht, beginnt den Kokon aufzulockern oder zu öffnen.	Die geschlüpften Jungtiere benötigen mehr Platz oder sind inzwischen so groß, dass sie den Kokon verlassen können.	Der Zeitpunkt für die Trennung des Weibchens von ihren Jungen steht bevor (Seite 111). Bald darauf müssen dann auch die Jungspinnen in eigene Aufzuchtbehälter gesetzt werden, um Kannibalismus zu verhindern (Seite 112).
Ihre Spinne verweigert ganz plötzlich die Nahrung und magert sichtlich ab.	Wenn es sich nicht um eine bevorstehende Häutung (oben) oder die Bewachung eines Kokons (oben) handelt, ist das Tier vielleicht an Vogelspinnenkrebs erkrankt oder von Würmern befallen.	Setzen Sie das Tier in ein Quarantäneterrarium (Seite 55) und versuchen Sie dort, die Ursache genauer zu ergründen (Seite 100).

THEMA   HÄUTUNG

Wie bereits ausgeführt, müssen sich Vogelspinnen häuten, um wachsen zu können (◉ Seite 16). Vor allem in der Natur stellt dieser Vorgang für die Spinnen eine kritische Phase dar, weil die Tiere in dieser Zeit völlig wehrlos sind. Aber auch im Terrarium gibt es vor und während der Häutung einige Dinge zu beachten.

Die Spinne häutet sich

Häutungsintervalle

Wie häufig sich eine Vogelspinne häutet, hängt zunächst vom Alter des Tieres ab. Sehr junge Spinnen häuten sich im Abstand weniger Wochen, bei etwas älteren Jungtieren vergrößern sich die Intervalle dann auf zwei bis drei Monate. Aber auch das Geschlecht spielt eine wichtige Rolle, denn Männchen häuten sich nur bis zur Geschlechtsreife, während bei Weibchen auch danach noch weitere Häutungen stattfinden, zumeist im Abstand von ein bis zwei Jahren. Sehr alte Weibchen häuten sich oft überhaupt nicht mehr.

Verhalten vor der Häutung

Ist der Zeitpunkt für eine neue Häutung gekommen, legen Vogelspinnen plötzlich ein ganz typisches Verhalten an den Tag: Sie werden zunächst träge und nehmen dann etwa 2–3 Wochen vor dem Abstreifen der alten Haut keine Nahrung mehr zu sich. Anschließend ziehen sie sich in ihren Unterschlupf zurück und spinnen den Eingang zu. Bei manchen Arten wird die Öffnung außerdem noch mit Brennhaaren gesichert, um Feinden das Eindringen zu erschweren, denn während der Häutung sind Vogelspinnen auch durch Angreifer gefährdet, die ihnen sonst nichts anhaben können.

Der Häutungsvorgang

Die meisten Boden bewohnenden Vogelspinnen legen sich zur Häutung auf den Rücken, nachdem der Untergrund an dieser Stelle zuvor mit einem kleinen Webteppich überzogen wurde. Es gibt auch Arten, die auf dem Bauch liegen oder sich in einer eher stehenden Haltung häuten. Zum Zeitpunkt der Häutung befindet sich die neue, größere Hülle bereits zusammengefaltet unter der alten Spinnenhaut. Damit die beiden Schichten sich voneinander lösen, pumpen die Tiere eine so genannte Exuvialflüssigkeit zwischen die alte und die neue Haut und dann Körperflüssigkeit aus dem Abdomen in den Cephalothorax, bis dessen äußere Hülle an der Vorderseite aufplatzt. Dabei entsteht ein Riss, der sich über den Carapax bis zum Abdomen hinzieht. Ist das geschehen, beginnen die Spinnen, den Vorderkörper aus der alten Hülle zu befreien, lösen danach durch kräftige Bewegungen die Beine heraus und ziehen schließlich das Abdomen aus der alten Haut.

RUHE IST WICHTIG Dieser Vorgang kann bei ausgewachsenen Spinnen zwischen 12 und 24 Stunden dauern, während er bei Jungspinnen normalerweise bereits nach ein bis zwei Stunden abgeschlossen ist. Besonders wichtig ist es, eine Spinne, die ihre Häutungsposition eingenommen hat, nicht mehr zu stören, weil das oft fatale Folgen hat. Aber auch nach der Häutung brauchen die Tiere noch eine Zeit lang Ruhe. Außerdem muss in dieser schwierigen Lebensphase eine möglichst optimale Luftfeuchtigkeit im Terrarium herrschen, sodass die äußeren Bedingungen jetzt noch einmal genau überprüft werden sollten. Ist die Häutung beendet, bleibt die Spinne normalerweise noch einigen Stunden bewegungslos liegen, weil das Chitin des

Während der oft etwas kritischen Häutungsphase sollte man seine Vogelspinne so weit wie möglich in Ruhe lassen.

INFO

Exuvie aufbereiten
Nach der Häutung wird die Exuvie natürlich aus dem Terrarium entfernt. Achten Sie darauf, bei Bombadierspinnen die leblose Hülle nicht mit der bloßen Hand zu berühren, denn die Brennhaare rufen immer noch unangenehme Hautreizungen her. Normalerweise sind bereits trocken gewordene Exuvien ziemlich hart und spröde und zerbrechen daher leicht. Wenn man sie über Wasserdampf hält oder in Wasser mit ein paar Tropfen Spülmittel legt, werden sie aber wieder weich und flexibel, sodass man sie anschließend in die gewünschte Form bringen kann, etwa, um eine Geschlechtsbestimmung vorzunehmen (◉ Seite 104). Man kann sie aber auch mit Haarspray konservieren und zu Dekorationszwecken aufbewahren.

Eine „rundum" erneuerte Spinne

Nach abgeschlossener Häutung fällt in vielen Fällen sofort auf, dass die Spinne jetzt wieder eine sehr viel kräftigere Färbung aufweist. Außerdem sind verloren gegangene Gliedmaßen nun wieder vorhanden, weil diese bei der Häutung praktischerweise erneuert werden. Allerdings sind die Ersatzbeine bei älteren Tieren zunächst kleiner als die unversehrten Gliedmaßen. Nach einigen weiteren Häutungen lassen sich dann allerdings zumeist keine Unterschiede mehr erkennen. Aber nicht nur fehlende Extremitäten werden bei der Häutung ersetzt, sondern auch die Brennhaare, die Augenlinsen und Teile des Verdauungssystems sowie der Atem- und Fortpflanzungsorgane (bei befruchteten Weibchen geht auch das gespeicherte Sperma verloren). Noch einmal erwähnt sei an dieser Stelle, dass sich während des Häutungsvorgangs keine Futtertiere wie Grillen oder Heimchen im Terrarium befinden dürfen, weil diese die völlig wehrlosen Spinnen anfressen und dabei verletzen können.

Außenskeletts zunächst aushärten muss. Anschließend kehren die normalen Lebensfunktionen nach und nach zurück, auch wenn es normalerweise noch mindestens eine Woche dauert, bis die Tiere beispielsweise wieder auf Beutefang gehen.

THEMA VERLETZUNGEN

Verletzte Vogelspinnen

Verglichen mit anderen Heimtieren kann man für verletzte oder kranke Vogelspinnen in vielen Fällen nur sehr wenig tun. Daher ist die Vorbeugung zweifellos auch die wichtigste Maßnahme zur Gesunderhaltung Ihrer Tiere. Dabei beginnt die Vorsorge bereits beim Einrichten des Terrariums, das unbedingt auf die natürlichen Bedürfnisse der Tiere abgestimmt sein muss (◉ Seite 50) und keine Einrichtungsgegenstände enthalten darf, an denen die Tiere sich verletzen können (◉ Seite 62). Ebenfalls sehr wichtig ist eine umsichtige Behandlung der Spinne. Besonders für Neueinsteiger ist eine ruhige und möglichst entspannte Handhabung der großen und beeindruckenden Vogelspinnen sehr wichtig, um die Gefahr einer Verletzung möglichst gering zu halten.

Verletzungen

Eine der häufigsten Ursachen für schwere Verletzungen sind Stürze aus größerer Höhe. Zu solchen Unfällen kommt es vor allem bei unvorsichtigem Umgang, etwa beim Umsetzen eines Tieres in einen anderen Behälter. Aber auch, wenn eine kletternde Spinne in einem zu hohen Terrarium abstürzt, kommt es häufig zu schweren Verletzungen. Daher dürfen gerade die Behälter für Boden bewohnende Vogelspinnen nicht zu hoch sein und außerdem keine spitzen oder scharfkantigen Gegenstände enthalten, an denen sich die Tiere beim Sturz verletzen könnten.

VERLETZTE GLIEDMASSEN Manchmal verletzen sich Vogelspinnen die Extremitäten, wenn sie irgendwo hängen bleiben, etwa in feinen Rissen eines zur Dekoration eingesetzten Astes. In vielen Fällen reißen die Gliedmaßen bei einer solchen Beanspruchung an einer Art „Sollbruchstelle" zwischen Trochanter und Femur (◉ Seite 13) ab und werden dann bei der nächsten Häutung erneuert (◉ Seite 96). Eine Behandlung ist bei solchen Verletzungen unnötig. Problematischer ist es, wenn Gliedmaßen nicht an der „vorgesehenen" Stelle abreißen, sondern im unteren Bereich des Beines oder wenn eine Extremität dort stark gequetscht wurde. Zumeist tritt an dieser Wunde reichlich Körperflüssigkeit aus, wobei die „Blutung" – anders als beim Abreißen der Extremitäten an der Sollbruchstelle – nicht von selbst aufhört, sodass es oft nötig ist, das verletzte Bein mit einer Pinzette so zu „amputieren", dass es an der vorgesehenen Stelle abbricht. Gerade Anfänger sollten sich das beim ersten Mal von einem erfahrenen Vogelspinnenhalter oder vom Tierarzt zeigen lassen, nicht zuletzt, weil viele Spinnen auf eine solche Behandlung sehr aggressiv reagieren.

ABDOMEN VERLETZT Tiefe Risse im Abdomen kommen bei Vogelspinnen leider vergleichsweise häufig vor, weil die Haut des Hinterleibes ziemlich empfindlich ist. Und unglücklicherweise verlaufenden solche Verletzungen nicht selten tödlich. Besonders wenn bereits Hämolymphe, also die farblose, mit dem Blut höherer Tiere vergleichbare Körperflüssigkeit der Spinnen aus der Wunde austritt, ist schnelles Handeln notwendig. Manchmal lässt sich das Austreten der Hämolymphe dadurch zum Stillstand bringen, das man die Wunde mit Puderzucker oder einem anderen unparfümierten Puder bestreut. Eine andere

Verletzungen der Tiere beugt man am besten durch eine gut durchdachte Einrichtung des Terrariums vor.

INFO

Spinnen und Insektizide
Auch wenn Spinnen keine Insekten sind, so werden sie durch Insektenschutzmittel doch ebenso geschädigt, wie ihre sechsbeinigen Verwandten. Daher ist es empfehlenswert, Pflanzen aus dem Gartencenter nicht gleich in das Terrarium zu setzen, sondern sie erst einmal vorzubehandeln (◉ Seite 66). Außerdem sollte man zur Dekoration keine Äste von Obstbäumen verwenden, die Insektenschutzmitteln ausgesetzt waren. Und lassen Sie sich nicht davon täuschen, wenn es heißt, die Pflanzen seien ausschließlich mit „nützlingsschonenden" Präparaten behandelt worden, etwa solchen mit Chitinsynthesehemmern. Zwar wirken diese Substanzen tatsächlich in erster Linie auf Larven, bei denen die Neubildung der Haut unterdrückt wird, was zum Austrocknen der Schadinsekten führt. Allerdings können Wirkstoffe dieser Art auch die Eihüllen schädigen, sodass Sie spätestens bei der Vermehrung ihrer Tiere mit Problemen rechnen müssen.

Möglichkeit ist das Auftragen einer dünnen Schicht Vaseline oder man versucht sehr vorsichtig, einen handelsüblichen Sprühverband aufzubringen. Allerdings sind die Erfolgsausichten dieser Behandlung bei größeren Wunden nicht sehr hoch, sodass oft nicht anderes übrig bleibt, als die Spinne schmerzlos zu töten (◉ Seite 100).

THEMA KRANKE SPINNEN

Bei einer Krankheit kann es notwendig sein, die Vogelspinne einmal ganz aus der Nähe zu betrachten.

Krankheiten

Die Behandlung kranker Vogelspinnen durch den Halter oder durch einen Tierarzt ist schwierig, denn über die Krankheiten von Gliedertieren ist wenig bekannt ist. Dafür gehören Vogelspinnenhalter aber auch zu den glücklichen Tierhaltern, deren Pfleglinge sich in einigen Fällen sogar selbst helfen, indem sie beispielsweise ein verlorenes Bein bei der Häutung erneuern (◉ Seite 96).

Quarantäneterrarium
Es empfiehlt sich, erkrankte Vogelspinnen so schnell wie möglich von gesunden Tieren zu trennen, um eine mögliche Ausbreitung der Krankheit zu verhindern. Daher sollten sich alle Terrarianer, die mehrere Vogelspinnen halten, auf jeden Fall ein Quarantäneterrarium anschaffen, damit sie im Ernstfall sofort reagieren können. Information darüber, wie man diese kleine Krankenstation einrichtet und was sonst zu beachten ist, finden Sie auf Seite 55. Außerdem muss bei Ausbruch einer Krankheit noch mehr auf Hygiene geachtet werden als unter normalen Umständen, um eine Übertragung von Keimen oder Parasiten auf gesunde Tiere sowie Sekundärinfektionen zu verhindern.

Spinnen schmerzlos töten
Ist eine Vogelspinne allerdings nicht mehr zu retten, dann sollten Sie nicht zögern, dem Tier einen schmerzlosen Tod zu ermöglichen. Dazu setzen sie die todkranke Spinne am besten in eine Plastikbox und stellen diese dann in den Gefrierschrank. Das mag sich zunächst etwas merkwürdig oder sogar grausam anhören, ist aber dennoch eine sehr natürliche Methode, die Spinne von ihren Leiden zu erlösen. Schließlich simulieren Sie nichts anderes als einen plötzlichen Kälteeinbruch, wie ihn Millionen von Gliederfüßern jedes Jahr draußen in der Natur erfahren. Durch die niedrigen Temperaturen werden die Lebensfunktionen der Spinne nach und nach immer weiter herabgesetzt, bis das Tier nach spätestens einer Stunde tot ist.

SOLUTIONFINDER **KRANKHEITEN**

SYMPTOME	▸ URSACHEN	▸ BEHANDLUNG
Heller Belag auf dem Körper der Tiere (ähnlich wie man ihn von verschimmeltem Brot kennt).	Vermutlich Pilzbefall. Da Pilze in feuchtwarmer Umgebung besonders gut gedeihen, muss man in einem Vogelspinnenterrarium leider immer wieder einmal mit Pilzbefall rechnen.	Tiere vorübergehend in ein trockenes Quarantäneterrarium setzen, die befallenen Stellen vorsichtig mit Malachitgrün oder Fuchsin (jeweils 1%ige Lösungen) betupfen. Die Behandlung mit einem Antimykotikum ist problematisch, weil die Zellwand der Pilze ebenfalls aus Chitin besteht, sodass die Behandlung mit einem solchen Mittel die Spinne noch weiter schädigen könnte. Auf jeden Fall sollten Sie einen Tierarzt zu Rate ziehen.
Die Spinne magert deutlich ab, obwohl sie ausreichend Nahrung aufnimmt.	Vermutlich Wurmbefall. Als Ursache kommen Würmer in Frage, die sich manchmal im Verdauungstrakt von Spinnen ansiedeln. Sie können von einem Tier auf andere übertragen werden.	Isolieren Sie das betroffene Tier von anderen Vogelspinnen. Sterilisieren Sie das Terrarium und alle Gegenstände, mit denen die Spinne in Kontakt war. Da ein Wurmbefall häufig mit dem Tod der Spinne endet, wird manchmal eine Behandlung mit kleinen Mengen Wurmmittel versucht. Die Erfolgsaussichten sind gering.
Auf dem Körper der Spinne sind winzige, gelbliche oder rote Punkte zu erkennen.	Vermutlich Milben. Diese Parasiten sind allerdings so klein, dass sie oft erst dann bemerkt werden, wenn ihre Zahl schon stark angewachsen ist.	Abtöten lassen sich die etwa stecknadelkopfgroßen Schmarotzer durch Beträufeln mit Alkohol (70%ige Lösung). Benutzen Sie dazu eine feine Pipette oder eine Einwegspritze und achten Sie darauf, dass der Alkohol nicht in die Atemöffnungen gerät. Anschließend das Terrarium und alle Gegenstände desinfizieren. Überprüfen Sie auch Ihre anderen Spinnen ganz genau.
Schwellung im Bereich der Spinnwarzen ist zu erkennen. Verhaltensauffälligkeiten sind anfangs nicht auszumachen, aber wenn sich die Geschwulst schließlich mit einer dunklen Kruste überzieht, fressen die Tiere nicht mehr und gehen ein.	Vermutlich Vogelspinnenkrebs. Diese mysteriöse Krankheit tritt bei Vogelspinnen immer wieder einmal auf. Die Ursachen der Erkrankung sind nicht bekannt, möglicherweise handelt es sich um einen Virus, und es gibt auch keine Hinweise darauf, ob und wie sie sich diese Krankheit vermeiden lässt.	Eine effektive Behandlungsmethode existiert bisher nicht. In einigen Fällen soll es geholfen haben, wenn die Blase im Anfangsstadium der Krankheit vom Tierarzt aufgeschnitten wurde, um die darin enthaltene Flüssigkeit ablaufen zu lassen. Manchmal bilden sich die Geschwülste aber auch von selbst zurück.

- Vermehrung im Terrarium
  104
- Vorraussetzungen
  104–106
- Der Paarungsvorgang
  106–109
- Eiablage und Brutpflege
  110–113

THEMA **VOGELSPINNEN VERMEHREN**

THEMA   VERMEHRUNG IM TERRARIUM

Geschlechtsreife Männchen lassen sich an den Bulben erkennen, die an den Endgliedern der Taster sitzen.

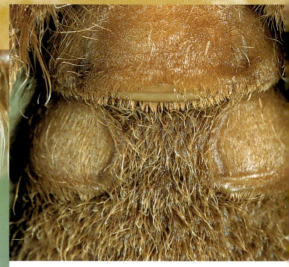

Bei weiblichen Vogelspinnen ist die Epigastralfurche an der Abdomenunterseite größer als bei den Männchen.

Wohl fast jeder Vogelspinnenhalter wird den Wunsch verspüren, die von ihm gehaltene Art zu vermehren. Für eine Vermehrung von Vogelspinnen im Terrarium spricht auch, dass in einer Zeit, da durch menschlichen Einfluss zahlreiche Tierarten von der Erde verschwinden, vermehrt Nachzuchten statt Wildfänge in den Handel gebracht werden sollten. So verhindert man,, dass der Ex- bzw. Import bestimmter Arten über kurz oder lang untersagt werden könnte und die Tiere nicht mehr zur Verfügung ständen. Immerhin zählen einige Arten bereits zu den gefährdeten Arten (etwa Angehörige der Gattung Brachypelma), die nur mit einer CITES-Bescheinigung importiert werden können (◉ Seite 116). Allerdings ist die Vermehrung bei zahlreichen Vogelspinnen-Arten nicht unproblematisch, sodass es bei der Paarung und Jungenaufzucht einiges zu beachten gilt.

Voraussetzungen

Natürlich müssen ein Weibchen und ein Männchen zur Verfügung stehen. Das klingt banal, aber da häufiger Weibchen gehalten werden, ist es oft gar nicht so einfach, ein geschlechtsreifes Männchen zu beschaffen. Das Ausleihen eines Partners sollte man sich genau überlegen, weil es trotz aller Vorsichtsmaßnahmen doch immer wieder zu aggressiven Übergriffen der Weibchen kommen kann, die oft mit dem Tod des Männchen enden.

Geschlechtsbestimmung

Bei einigen Arten ist die Unterscheidung der Geschlechter recht einfach, weil ein so genannter Geschlechtsdimorphismus vorliegt, das heißt, die Männchen sehen anders aus als die Weibchen (z.B. *Psalmopoeus irminia* oder *Aphonopelma bicoloratum*). Aber auch wenn Männchen und Weibchen auf den

Bei unbekannten, im Verhalten kaum einschätzbaren Arten ist die Geschlechtsbestimmung an einer Exuvie anzuraten.

ersten Blick scheinbar nicht voneinander zu unterscheiden sind, kann man – zumindest bei geschlechtsreifen Tieren – die Männchen erkennen. Dazu muss man sich die Taster der Spinnen genau anschauen, denn diese sind bei Männchen nicht nur kürzer und etwas dicker als die anderen Extremitäten, sondern bei ihnen sitzen am unteren Ende auch die männlichen Geschlechtsorgane, die Bulben (◉ Seite 10). Allerdings sind diese normalerweise eingeklappt und dann manchmal zwischen den Haaren verborgen, sodass man sehr genau hinsehen muss. Bei den meisten Arten sitzen am ersten Beinpaar der Männchen außerdem die Tibiaapophysen (Schienenbeinhaken), die bei der Kopulation eine wichtige Rolle spielen (◉ Seite 11).

JUNGTIERE Bei jungen, noch nicht geschlechtsreifen Tieren ist die Einordnung dagegen nicht ganz einfach. Zur Bestimmung untersucht man die Exuvien (◉ Seite 97), die man zuvor in Wasser mit etwas Spülmittel einweicht, um sie wieder geschmeidig zu machen. Genau betrachten muss man sich die Unterseite des Abdomens und zwar im Bereich der Epigastralfurche, die zwischen den Öffnungen der Fächerlunge sitzt. Bei den Weibchen ist diese Furche, in der die Geschlechtsöffnung der Tiere mündet, zumeist deutlich größer; außerdem wirkt der Bereich über der Furche etwas aufgewölbt. Dagegen ist bei den Männchen oberhalb der Epigastralfurche häufig das Spinndrüsenfeld zu erkennen, eine dunkle, rundliche, unbehaarte Struktur, die bei der Herstellung des Spermanetzes (◉ Seite 106) eine wichtige Rolle spielt. Schaut man sich die Innenseite der Exuvie an, sind bei einem Weibchen im Bereich der Epigastralfurche die Spermathek mit den Receptacula seminis (Samenbehältern) zu erkennen. Dabei handelt es sich um blindsackartige Anhänge, in denen die weiblichen Tiere nach der Begattung die übertragenen Spermien monatelang speichern können. Die Spermathek ist aber normalerweise nur mit einer Stereolupe gut zu erkennen. Außerdem benötigt man ein wenig Erfahrung, damit man die Samenbehälter nicht mit Drüsen verwechselt, die bei den Männchen einiger Arten genau an dieser Stelle sitzen. Sinnvoll sind diese Untersuchungen der Exuvien aber erst bei Tieren, die schon mindestens sechs Monate alt sind.

Geschlechtsreife Spinnen

Eine weitere Voraussetzung ist natürlich, dass sowohl Weibchen als auch Männchen geschlechtsreif sind. Bei den weiblichen Tieren tritt die Geschlechtsreife nach 3–5 Jahren ein, bei den Männchen bereits nach 1–2 Jahren. Neben den äußerlichen Veränderungen ist das Erreichen der Geschlechtsreife bei den Männchen daran zu erkennen, dass sie ein Spermanetz bauen, um ihre Bulben zu füllen. Anschließend werden die Männchen meist sehr unruhig und sind ständig bemüht, auf der Suche nach einer Partnerin das Terrarium zu verlassen.

Bau eines Spermanetzes

Um die Bulben mit Sperma füllen zu können, müssen Vogelspinnenmännchen zunächst ein aus zwei Teilen bestehendes Spermanetz herstellen. Dazu bedecken die Tiere zunächst ein Stück des Bodens mit einem Teppich aus Spinnfäden (Unternetz) und errichten dann parallel dazu ein trapezförmiges Obernetz, dass zwischen zwei Einrichtungsgegenständen befestigt wird (Baum bewohnende Arten befestigen ihr Spermanetz oft auch in einer Astgabel). Anschließend legt sich das Männchen mit dem Rücken auf den Gespinstteppich und heftet einen Spermatropfen an die Unterseite des oberen Netzes. In einem nächsten Schritt richtet sich das Männchen dann am Obernetz auf und greift mit den Tastern unter das Gespinst, um die Spermaflüssigkeit in die Bulben zu saugen. Zum Schluss wird das Netz zerstört. Mit dem Bau eines Spermanetzes beginnen die Männchen etwa 1–2 Wochen nach der Reifehäutung, wobei diese Tätigkeit fast ausschließlich nachts erfolgt, sodass man im Regelfall am nächsten Morgen nur noch die Reste vorfin-

Da Männchen beim Anblick großer Weibchen manchmal in Panik geraten, müssen sie sich verstecken können.

det. Anschließend werden viele Männchen sehr unruhig und versuchen, das Terrarium zu verlassen. Es gibt aber auch Fälle, in denen zunächst keine Veränderung festzustellen ist, sodass man den Eindruck haben kann, das Befüllen der Bulben mit Sperma sei gescheitert. Über kurz oder lang werden sich auch diese Männchen auf die Suche nach einem Weibchen machen.

Der Paarungsvorgang

GEEIGNETES TERRARIUM Die Paarung sollte stets im Behälter des Weibchens stattfinden. Damit die Tiere sich langsam aneinander gewöhnen können, setzt man die Männchen

INFO

Hybridenzucht
Bei bestimmten Gattungen, z.B. *Brachypelma* und *Ceratogyrus*, ist es möglich, Exemplare unterschiedlicher Arten miteinander zu kreuzen. Die Folge sind oft Nachkommen mit abweichender Färbung oder Zeichnung. Ganz augenscheinlich übt die Schaffung von der Norm abweichender Varianten einen starken Reiz auf viele Tierhalter aus, dass sie es nicht lassen können, immer neue Formen herauszuzüchten. Das Wohl der Tiere steht dabei selten im Vordergrund. Und leider haben die Auswüchse bei anderen Heimtieren gezeigt, dass irgendwann alle Schranken fallen. Aus einer langen Reihen von Beispielen seien hier die sog. Tanzmäuse erwähnt, die einen so schweren Gehirnschaden haben, dass sie fast ständig im Kreis herumlaufen müssen, aber ungeachtet ihres schweren Leidens weiter vermehrt und zur Belustigung der Menschen verkauft werden. Man kann nur hoffen, dass alle Spinnenhalter in dieser Beziehung mehr Verantwortungsgefühl an den Tag legen werden als andere Tierzüchter.

zunächst in einen Drahtkorb oder unter eine Haube aus Fliegendraht, weil dem Männchen dort nichts passieren kann. Nach einigen Tagen Gewöhnungszeit öffnet man den Verschlag oder nimmt die Haube ab, um so eine Annäherung des Männchens zu ermöglichen. Ist das Terrarium aus irgendeinem Grund für die Paarung ungeeignet, etwa, weil die Ausmaße zu gering sind, können Sie auch ein spezielles Paarungsterrarium einrichten (◉ Seite 54). Setzen Sie das Weibchen bereits etwa 2–3 Wochen vor der Paarung in den neuen Behälter, um dem Tier die Eingewöhnung in die neue Umgebung zu ermöglichen, denn bei unruhigen weiblichen Spinnen besteht wenig Aussicht auf eine erfolg-reiche Paarung.

WEIBCHEN GUT FÜTTERN Außerdem sollte das Weibchen in der Paarungszeit sehr gut gefüttert werden, denn das erhöht die Überlebenschancen der Männchen beträchtlich.
TIERE ZUSAMMENBRINGEN Die beste Zeit, beide Partner zusammenzubringen, sind die Abendstunden, weil dann die Aktivitätsphase der Tiere beginnt. Setzen Sie das Männchen nicht zu nahe an das Weibchen, damit es Ablauf und Tempo der Balz bestimmen kann.

INFO

Alles umsonst
Häutet sich ein Weibchen nach der Paarung und legt dann Eier, sind diese unbefruchtet, denn die gespeicherten Spermien gehen mit der alten Haut (Exuvie) verloren. Daher sollten Sie mit der Paarung immer bis nach der Häutung des Weibchens warten. Lassen Sie den Tieren aber noch sechs bis acht Wochen Zeit, damit sie sich vom anstrengenden Hautwechsel erholen können.

Die Balz

Die Balz wird dadurch eingeleitet, dass das Männchen beginnt, mit den Tastern oder Beinen auf den Boden zu trommeln. Verhält sich das Weibchen friedlich, verstärkt das Männchen seine Bemühungen und nähert sich dabei vorsichtig dem Weibchen. Im Idealfall erwidert das Weibchen die Werbung des Männchens, indem es selbst zu trommeln beginnt. Normalerweise fühlen sich die Männchen dadurch ermutigt, nun den Cephalothorax der Auswählten zu betrillern. Wenn alles gut geht, hebt das Weibchen nun den Vorderkörper etwas an, sodass das Männchen seinen eigenen Körper darunter schieben und das Weibchen nach oben drücken kann. Gleichzeitig blockiert es mit den Vorderbeinen die Cheliceren des Weibchen – eine lebenswichtige Maßnahme zum eigenen Schutz. Sind Tibiaapophysen (Seite 11) vorhanden, was bei den meisten Vogelspinnen–Arten der Fall ist, werden diese außerdem in den Cheliceren verhakt, um ein Abgleiten der Beine zu verhindern. Anschließend kann das Männchen dann seine Bulben in das Receptaculum seminis des Weibchen einführen und das Sperma dort deponieren. Der gesamte Vorgang dauert je nach Art zwischen weniger als eine Minute bis zu einer halben Stunde. Anschließend muss das Männchen seine Vorderbeine aus den Cheliceren des Weibchens zurückziehen – eine weitere kritische Phase für das „schwache Geschlecht". Zumeist löst es zunächst ein Bein und betrillert damit das Abdomen des Weibchens. Dann gibt es die Cheliceren vollständig frei und tritt den Rückzug an, der unter besänftigenden Auf- und Abwärtsbewegungen der Taster und Vorderbeine gesichert wird. Ist ein ausreichender Abstand hergestellt, setzt man das Männchen unverzüglich

Wegen steigender Nachfrage besonders hübsch gefärbter Arten wird die Nachzucht durch Terrarianer immer wichtiger.

in sein eigenes Terrarium zurück, wo es vermutlich schon bald mit dem Bau eines neuen Spermanetzes beginnen wird.

UNTERSCHIEDLICHER ABLAUF Obwohl stark ritualisiert, spielt sich der Paarungsvorgang aber nicht immer genau in der Form ab, wie er hier geschildert wurde. Häufig liegt das daran, dass die Männchen sich etwas „einfallen lassen müssen", wenn nicht alles nach Plan verläuft, aber es kann auch Abweichungen vom üblichen Paarungsverhalten geben, ohne dass ein Grund dafür erkennbar wäre.

MÄNNCHEN LEBEN GEFÄHRLICH Leider verläuft die Paarung in vielen Fällen auch nicht so friedlich wie hier geschildert. So kommt es manchmal vor, dass ein Weibchen sich sofort auf das paarungswillige Männchen stürzt und es ergreift. Geschieht das, ist häufig bereits alles verloren und es gibt für das Männchen keine Rettung mehr. Erfolgt der Angriff nicht ganz so schnell, kann man dem Männchen dagegen in manchen Fällen noch zur Flucht verhelfen, indem man das Weibchen mit Wasser besprüht, um es an der Verfolgung zu hindern oder man hält es mit einer Pinzette bzw. einem Glasstab zurück, bis das Männchen ein Versteck gefunden hat oder aus dem Terrarium entfernt werden konnte. Glücklicherweise ist die Paarung aber nicht bei allen Vogelspinnen mit einem derart großem Nervenkitzel verbunden. So kann man z.B. die Partner bei einigen Baum bewohnenden Arten (◉ Seite 40–45) durchaus einige Tage unbeaufsichtigt in einem Terrarium zusammenlassen, ohne dass eine zu große Gefahr für das Männchen besteht.

DESINTERESSE Manchmal kommt es vor, dass einer der Partner keinerlei Interesse mehr an einer Paarung zeigt. Das gilt besonders für unerfahrene Männchen, die sich beim Anblick eines für sie augenscheinlich Furcht erregenden Weibchens in das nächste Versteck zurückziehen und nicht wieder herauskommen. Aber auch Weibchen reagieren auf die Werbung eines Männchens manchmal mit Desinteresse, dass der frustrierte Spinnenmann seine Bemühungen aufgibt.

ERNEUTER VERSUCH Viele Vogelspinnenhalter versuchen, die Paarung nach ca. zwei Wochen zu wiederholen (allerdings nur, wenn das Männchen ein neues Spermanetz gebaut hat), um sicherzustellen, dass die Spermaübertragung stattgefunden hat. Reagiert das Weibchen nicht auf die Klopfzeichen des Männchens, sollte man es wieder aus dem Terrarium entfernen, weil ein solches Verhalten ein ziemlich sicherer Hinweis ist, dass die erste Befruchtung erfolgreich war.

Eiablage und Brutpflege

In den ersten beiden Monaten nach der Paarung werden Sie im Verhalten der Weibchen normalerweise keine großen Veränderungen feststellen, sieht man einmal davon ab, dass der Appetit jetzt manchmal zunimmt und das Abdomen etwas rundlicher wird. Bis zur Eiablage kann außerdem noch etwas Zeit vergehen, im Extremfall sogar bis zu einem Jahr.

Ein Kokon wird hergestellt

Aber irgendwann wird die Spinne ihr Verhalten ändern. Viele Exemplare fangen an, im Boden zu graben und schließlich beginnt das Weibchen, sich in seinem Versteck einzuspinnen, um dort einen Kokon für die Eier herzustellen. Dazu webt es zunächst einen kleinen Teppich mit aufgebogenen Rändern, auf dem die Eier abgelegt werden. Diese passieren kurz vor dem Austritt aus der Geschlechtsöffnung die Samenbehälter mit dem dort aufbewahrten Sperma und werden dabei befruchtet. Anschließend bekommt die Unterlage eine Art Gespinstdeckel, dessen Nahtstellen die Mutter verschließt. Danach umgibt das Weibchen den Innenkokon noch mit einer festeren Außenhülle. Zudem weben Bombadierspinnen oft zahlreiche Reizhaare ein, während die Kokons anderer Arten manchmal so viele Blatt- oder Rindenstücke enthalten, dass sie nicht mehr die typische weiße Farbe haben, sondern dunkel aussehen und oft kaum noch zu erkennen sind. Das Weibchen bewacht den Kokon bis zum Schlüpfen der Jungen mit sehr viel Hingabe und verteidigt ihn selbst gegen deutlich größere Störenfriede – auch gegen den Halter!

Schlüpfen der Jungspinnen

Die Zeit bis zum Schlüpfen der Jungtiere ist bei den einzelnen Arten recht unterschiedlich und hängt auch von äußeren Bedingungen ab, etwa von der Temperatur oder vom Ernährungszustand des Muttertieres. So schlüpfen die Jungen bei einigen Vogelspinnen bereits nach ungefähr 4–5 Wochen, bei anderen muss man mehrere Monate warten. Während der Bewachung des Kokons nimmt das Weibchen keine Nahrung zu sich, sodass es beträchtlich abmagern kann. Das ist normal und es hat keinen Sinn, der Spinne etwas zum Fressen anzubieten, weil Sie die Futtertiere nur wieder heraus fangen müssten und die Mutter dadurch beunruhigen würden.

LARVEN Im Kokon schlüpfen aus den Eiern zunächst winzige, farblose Larven, die noch wenig Ähnlichkeit mit einer Spinne haben, sondern eher wie Eier mit ungegliederten Anhängen aussehen. Sie sind noch fast bewegungsunfähig und können auch außerhalb des Kokons noch nicht überleben. Dies ist erst nach einer bald darauf erfolgenden Häutung möglich, nach der die Jungspinnen nun ausdifferenzierte Extremitäten besitzen und bereits teilweise behaart sind.

JUNGSPINNEN SCHLÜPFEN Nun beginnt das Weibchen auch, den Kokon an den Nahtstellen von Unter- und Oberteil etwas aufzureißen, um ihren Nachkommen das Verlassen zu erleichtern und bald darauf erscheinen dann die ersten Jungspinnen außerhalb des Kokons, den sie bei Gefahr aber immer wieder aufsuchen. In vielen Fällen haben die Jungtiere zunächst keinerlei Ähnlichkeit mit

Bei den meisten Vogelspinnen muss man die Jungen schon bald nach dem Schlüpfen von der Mutter trennen.

ihren Eltern und bei manchen Arten kann man sich kaum vorstellen, das sie irgendwann tatsächlich einmal die arttypische Färbung und Zeichnung ausgewachsener Exemplare bekommen. Und nicht immer erscheint dies auch tatsächlich wünschenswert, denn viele Jugendstadien sind viel attraktiver gefärbt als geschlechtsreife Tiere.

Trennung von Mutter und Nachwuchs
Wichtig ist es, das Weibchen nun aus dem Terrarium zu entfernen, weil sonst die Gefahr besteht, dass es die Spiderlinge auffrisst. Oder Sie nehmen den Kokon aus dem Terrarium der Mutter, um die Jungen in einem kleineren Behälter, z.B. in einer Heimchendose schlüpfen zu lassen (bei ca. 25 °C und mit einem stets leicht angefeuchteten Küchentuch als Unterlage). Das hat den Vorteil, dass man die Jungtiere später nicht mühsam im Terrarium der Mutter einfangen muss. Ein guter Zeitpunkt für die Entnahme des Kokons ist, wenn die Jungen gerade geschlüpft sind. Oft erkennt man das daran, dass die Mutter versucht, mehr Platz für die Jungen zu schaffen und den Kokon daher ein wenig auflockert, der dadurch an Umfang zunimmt und auch etwas flauschiger wirkt. Wichtig ist bei dieser Variante, dass Sie den Kokon nach einigen Tagen vorsichtig aufschneiden, damit die Brut ins Freie kann.

Jungspinnen aufziehen

Für die Aufzucht von Jungtieren ist ein deutlich größerer Zeitaufwand notwendig als für die Pflege ausgewachsener Tiere, denn Spiderlinge müssen häufiger gefüttert werden und die oft zahlreichen Jungspinnen brauchen praktisch von Anfang eigene Mini-Terrarien, die alle versorgt sein wollen.

Fütterung von Jungspinnen

In der ersten Lebensphase benötigen die Larven noch kein Futter, weil sie sich zunächst von ihrem Dottersack ernähren. Das ändert sich nach einer weiteren Häutung, die etwa zwei später Wochen erfolgt. Jetzt brauchen die fertig entwickelten Jungspinnen, die Spiderlinge, kleine Futtertiere wie Taufliegen oder frisch geschlüpfte Heimchen (◉ Seite 80–82). Außerdem muss man die Jungen nun unbedingt voneinander trennen, weil sonst die zuerst geschlüpften Spinnen ihre später geschlüpften Geschwister fressen.

Behälter für die Aufzucht

Die ersten Terrarien für Jungspinnen können noch vergleichsweise klein sein. Sehr gut geeignet sind Kunststoffdosen, wie sie in Labors beispielsweise zur Anzucht von Fruchtfliegen verwendet werden. Diese durchsichtigen Gefäße bietet der Fachhandel in unterschiedlichen Größen an, sodass man unterschiedliche Altersstufen darin halten kann. Außerdem sind sie leicht und Platz sparend. Zudem werden sie mit einem luftdurchlässigen Schaumstoffstopfen geliefert, den man gut anfeuchten kann, um für eine

Bis Vogelspinnen eine solche Größe erreichen, vergehen in der Regel einige Jahre.

ausreichend hohe Luftfeuchtigkeit zu sorgen. Es ist auch möglich, leere Marmeladen- oder Babybrei-Gläschen bzw. Jogurtbecher mit einem Schaumstoffstopfen zu verwenden. Das Verschließen der Behälter mit Gaze und einem Gummiband ist nicht ratsam, weil die Mini-Terrarien zu schnell austrocknen. Auch ist die Versorgung einer größeren Zahl von Jungspinnen sehr zeitaufwändig, weil man ja jeden einzelnen Behälter umständlich öffnen muss, wogegen man einen Schaumstoffstopfen schnell zur Seite drücken und das Futtertier hineinfallen lassen kann.

BODENGRUND Die Gefäße füllt man ca. zu einem Drittel mit ungedüngter Blumenerde oder Vermiculit, das mit einer dünnen Schicht Moos bedeckt wird. Die Bodenschicht darf nie austrocknen. Zu trockene Bedingungen sind lebensgefährlich.

TEMPERATUR Sie darf nicht zu niedrig sein. Ideal sind Werte zwischen 25–27 °C, die man dadurch sicherstellt, dass man die Gefäße mit den Jungspinnen in ein abgedecktes Aquarium stellt, dass durch eine außen an der Rückwand angebrachte Heizmatte auf der richtigen Temperatur gehalten wird.

ÄLTERE JUNGTIERE Für etwas größere Jungspinnen verwendet man Heimchendosen und für noch ältere Exemplare sind kleine Kunststoffterrarien aus dem Fachhandel notwendig. Diese Behälter müssen einen geeigneten Unterschlupf und einen kleinen Trinknapf enthalten, der aber nicht zu tief sein darf, damit die Tiere nicht darin ertrinken können. Spätestens bei der Geschlechtsreife setzt man die Tiere in ein normal eingerichtetes Vogelspinnenterrarium.

TIPP

Buchführung nicht vergessen
Führen Sie bei der Vermehrung genau Buch über den Zeitpunkt der Paarung, der Eiablage, des Schlüpfen sowie über bisher vollzogene Häutungen und Besonderheiten. Gerade bei der Haltung mehrerer Vogelspinnen verliert man sonst schnell den Überblick und kann dann bei Verkauf von Jungtieren keine genaue Auskunft geben, wodurch viele Interessenten abgeschreckt werden. Zieht man gleichzeitig die Jungtiere verschiedener Arten auf, ist es sehr wichtig, die einzelnen Behälter, in denen die Spiderlinge untergebracht sind, mit einem Filzstift zu beschriften, damit es nicht zu Verwechslungen kommt.

- **Rechtliche Aspekte**
  116–117
- **Impressum**
  118
- **Zum Weiterlesen**
  119
- **Adressen**
  119
- **Internet**
  119
- **Register**
  120–122

THEMA **SERVICE**

THEMA: RECHTLICHE ASPEKTE DER VOGELSPINNENHALTUNG

Wie bei vielen exotischen Tieren, gilt es auch beim Kauf und bei der Haltung von Vogelspinnen einige rechtliche Aspekte zu beachten.

Artenschutz

Der Schutz bedrohter Pflanzen- und Tierarten ist international durch das „Washingtoner Artenschutzübereinkommen (WA)" von 1973 geregelt. Diese Verordnung, die den Handel mit wild lebenden Tieren und wildwachsenden Pflanzen überwachen und gegebenenfalls einschränken soll, trat 1976 auch in Deutschland in Kraft und wurde. 1997 durch die EU-Verordnung EG-VO 338/97 erweitert, die bis heute Gültigkeit besitzt. Vom WA bzw. der entsprechenden EU-Verordnung sind auch einige Vogelspinnen-Arten betroffen. Zu finden sind sie im WA-Anhang II bzw. im Anhang B der EU-Verordnung EG-VO 338/97. In diesen Anhängen sind solche Tiere und Pflanzen aufgelistet, bei denen eine kontrollierte wirtschaftliche Nutzung unter wissenschaftlicher Kontrolle weiterhin gestattet ist. Das heißt, die entsprechenden Arten dürfen nach Erteilung einer Importgenehmigung in Staaten der EU eingeführt werden. In Deutschland werden Genehmigungen dieser Art vom Bundesamt für Naturschutz in Bonn erteilt, wobei ein Ausfuhrdokument des Exportstaates, die sog. **CITES-BESCHEINIGUNG** vorgelegt werden muss. CITES ist die englische Abkürzung für die „Convention of International Trade in Endangered Species of Wild Fauna and Flora", die im deutschen Sprachraum als „Übereinkommen über den internationalen Handel mit gefährdeten Arten frei lebender Tiere und Pflanzen" bezeichnet wird. In diesem Dokument müssen u.a. der Besitzer der Spinne, der genaue wissenschaftliche und der umgangssprachliche Name des Tieres, Alter, Geschlecht, Größe, besondere Kennzeichen, Herkunftsland, Datum des Erwerbs und die Anhangs- sowie CITES-Nrrummer aufgeführt sein. Früher waren CITES-Bescheinigungen auch für die private Haltung und Weitergabe der durch Appendix II bzw. Anhang B geschützten Arten vorgeschrieben. Inzwischen können die entsprechenden Vogelspinnen innerhalb der EU ohne ein solches Dokument an andere Personen weitergegeben werden können. Dennoch sollten Sie beim Kauf einer geschützten Vogelspinne darauf bestehen, dass Ihnen der Verkäufer ein Dokument aushändigt, mit dem Sie sich als rechtmäßiger Besitzer ausweisen können. Ist kein CITES-Dokument vorhanden, dann sollten Sie sich auf jedem Fall ein Schriftstück aushändigen lassen, in dem die Herkunft des Tieres festgehalten ist und in dem der Verkäufer Ihnen die rechtmäßige Abgabe bestätigt. Bei Weiterverkauf ins Ausland außerhalb der EU benötigen Sie aber auf jeden Fall eine CITES-Bescheinigung.

Im WA-Anhang II bzw. im Anhang B der EU-Verordnung EG-VO 338/97 sind z. Zt. (Stand August 2002) folgende Arten aufgeführt: *Aphonopelma albiceps, Aphonopelma pallidum, Brachypelma albopilosum, Brachypelma angustum, Brachypelma auratum, Brachypelma aureoceps, Brachypelma baumgarteni, Brachypelma boehmei, Brachypelma embrithes, Brachypelma emilia, Brachypelma epicureanum, Brachypelma fossorium, Brachypelmides klaasi, Brachypelma mesomelas, Brachypelma sabulosum, Brachypelma smithi, Brachypelma vagans.* Da die Listen regelmäßig an die aktuellen Erfordernisse angepasst werden, ist es ratsam, sich von Zeit zu Zeit nach Änderungen zu erkundigen. Im Internet sind die

Bei besonders farbenprächtigen Vogelspinnen ist die Ausfuhr inzwischen durch die Heimatländer reglementiert.

entsprechenden Arten über eine Datenbank des CITES-Sekretariats in Genf (www.cites.org) abrufbar. Weitere Auskunft über die Bestimmungen zum Schutz von Vogelspinnen erteilt das Bundesamt für Naturschutz in Bonn (◎ Seite 119).

Meldepflicht

Bis vor einigen Jahren war es bei der Haltung von Vogelspinnen Pflicht, die Tiere bei der Unteren Naturschutzbehörde seines Heimatortes anzumelden. Diese Bestimmung wurde aber inzwischen aufgehoben.

Tierschutzgesetz

Durch das Tierschutzgesetz ist jeder Vogelspinnenhalter verpflichtet, seine Tiere artgerecht zu halten. Das bedeutet, man muss die Tiere ihren Bedürfnissen gemäß unterbringen, ernähren und pflegen. Bei einem Verstoß kann die Tierschutzbehörde die unsachgemäß gehaltenen Tiere einziehen.

Mietrecht

Da Vogelspinnen als so genannte Exoten zu den Heimtieren gehören, deren Haltung ein Vermieter untersagen kann, müssen Sie vor dem Kauf einer Vogelspinne die Genehmigung des Wohnungseigentümers einholen. Besitzer einer Eigentumswohnung sind verpflichtet, sich mit ihren Nachbarn abzusprechen, damit es später keine Probleme gibt (◎ Seite 48).

Bildnachweis

Farbfotos von:
Frank Hecker: (38: S. 4/5, 6/7, 12, 23l, 24l, 24r, 25l, 26r, 32l, 36l, 37r, 38r, 39l, 41l, 42r, 46/47, 48/49, 51, 52/53, 56, 58/59, 63, 65, 67, 70/71, 74, 76/77, 78/79, 80, 84/85, 87, 88, 99, 100, 102/103, 108/109, 111, 112/113)
Dr. Hans W. Kothe: (1: S. 8)
Dr. Rudolf König: (56: S. 9, 10, 11 (beide), 14 (beide), 15, 16, 17, 18, 19, 21, 22l, 25r, 26l, 27l, 27r, 28r, 29r, 30l, 31l, 31r, 32r, 34l, 34r, 35l, 35r, 37l, 38l, 39r, 40l, 40r, 42l, 43l, 44l, 44r, 45l, 45r, 54, 55, 60, 60/61, 69u, 72/73, 81, 82/83, 90, 91, 93, 97, 104 (beide), 105, 106/107, 114/115, 117)
H.-J. Peters: (10: S. 22r, 23r, 28l, 29l, 30r, 33l, 33r, 36r, 41r, 42l)
Dr. F. Sauer/Frank Hecker: (4: S. 20, 82 (klein), 92, 119)
Manfred Rogner: (5: S. 68 (alle drei), 69o, 69m)

Mit zwei Zeichnungen von Kay Elzner, S. 13.

Alle Angaben in diesem Buch erfolgen nach bestem Wissen und Gewissen. Sorgfalt bei der Umsetzung ist indes dennoch geboten. Verlag und Autor übernehmen keinerlei Haftung für Personen-, Sach- oder Vermögensschäden, die aus der Anwendung der vorgestellten Materialien und Methoden entstehen könnten.

Impressum

Umschlaggestaltung von eStudio Calamar unter Verwendung von 4 Farbfotos von Wally und Burkhard Kahl (großes Motiv, U4) und Dr. Rudolf König (kleine Aufnahmen U1).

Mit 114 Farbfotos

Unser gesamtes lieferbares Programm und viele weitere Informationen zu unseren Büchern, Spielen, Experimentierkästen, DVDs, Autoren und Aktivitäten finden Sie unter www.kosmos.de

Gedruckt auf chlorfrei gebleichtem Papier

© 2003, Franckh-Kosmos Verlags-GmbH & Co. KG, Stuttgart
Alle Rechte vorbehalten
ISBN 978-3-440-09367-2
Redaktion: Christine Axmann
Gestaltungskonzept: eStudio Calamar
Gestaltung und Satz: Guido Schlaich
Produktion: Kirsten Raue, Markus Schärtlein
Printed in The Czech Republic / Imprimé en République Tchèque

ZUM WEITERLESEN

BÜCHER

Dost, U.: Das Kosmos-Buch der Terraristik. Kosmos Verlag, Stuttgart 2000.

Friedrich, U. & Volland,W. Futtertierzucht. Ulmer Verlag, Stuttgart 1998.

Henkel, F.-W. & Schmidt, W.: Terrarien: Bau und Einrichtung. Ulmer Verlag, Stuttgart 1999.

Klaas, P.: Vogelspinnen im Terrarium. Lebensweise, Haltung und Zucht. Ulmer Verlag, Stuttgart 1989.

Peters. H.-J.: Tarantulas of the World. TOW-Verlag, Wegberg-Klinkum 1998.

Rankin, W. & Walls, J. G.: Vogelspinnen und Skorpione im Terrarium. Bede Verlag, Ruhmannsfelden 1995.

Rogner, M.: Terraristik. Kosmos Verlag, Stuttgart 2002.

Schmidt, G.: Vogelspinnen. Landbuch Verlag, Hannover 1993.

Schmidt, G.: Giftige und gefährliche Spinnentiere. Westarp Verlag, Ziemsen 2000.

Stettler, P. H.: Handbuch der Terrarienkunde. Bechtermünz u. Weltbild, Augsburg 2002

Tinter, Andreas : Vogelspinnen. Nikol Verlagsgesellschaft, Hamburg 2001 .

van Kampen, T.: Grundkurs Terrarium. Kosmos Verlag, Stuttgart 1997.

Webb, A.: Vogelspinnen. Natur und Tier-Verlag, Münster 2000.

Wegner, H. A.: Streitfall Haustier. WRS Verlag, Planegg 1997.

ZEITSCHRIFTEN

„Arthropoda". Das Magazin für Wirbellose im Terrarium und Aquarium. Vereinzeitschrift der Zentralen Arbeitsgemeinschaft „Wirbellose im Terrarium" (siehe Adressen).

„Mitteilungen". Vereinszeitschrift der Deutschen Arachnologischen Gesellschaft (siehe Adressen).

„Reptilia". Natur und Tier-Verlag. An der Kleimannbrücke 39/41. 48157 Münster.

„Tarantulas of the World (TOW)". Verlag und Zoofachversand H.-J. Peters. Am Tömp 14. 41844 Wegberg-Klinkum. www.tow.via.t-online.de

ADRESSEN

Deutsche Arachnologische Gesellschaft
Martin Meinhardt
Potstiege 7
48161 Münster

Deutsche Gesellschaft für Herpetologie und Terrarienkunde (DGHT) e. V., Postfach 1421
D-53351 Rheinbach.

Zentrale Arbeitsgemeinschaft „Wirbellose im Terrarium".
08223 Falkenstein/ Vogtland

INTERNET

Bundesamt für Naturschutz:
www.bfn.de

CITES-Sekretariat
www.cites.org

Dt. Arachnologische Gesellschaft e.V.
www.dearge.de

Deutsche Gesellschaft für Herpetologie und Terrarienkunde
www.dght.de

World Spider Catalog
http://research.amnh.org/entomology/spiders/catalog81-87/INTRO1.html

Zentrale Arbeitsgemeinschaft „Wirbellose im Terrarium"
www.zag-wirbellose.de

Abdomen 10, 12, 13, 98
Abmagerung 101
Abwehrverhalten 17
Acanthoscurria geniculata 22, 75
Acanthoscurria musculosa 22, 75
Acari 7
Acheta domesticus 81
Adern 10
Adressen 119
Afrikanische Riesenvogelspinne 33
Afterskorpione 6
Aggressivität 19
Allergie 48
Alter 7
Amblypygi 6
Aphonopelma bicoloratum 23, 75
Aphonopelma caniceps 23, 75
Aphonopelma chalcodes 24, 75
Aphonopelma seemanni 24, 75
Arachne 7
Arachnida 6
Araneae 6
Argentinische Riesenvogelspinne 31
Artbeschreibungen 21
Artenschutz 116
Artenzahl 7
Arthropoda 6
Atembeschwerden 18
Atemorgane 12
Atrax robustus 20
Aufzuchtbehälter 112
Augen 10, 14
Augenhügel 13
Ausbruchsicher 51
Außenpanzer 16
Ausstellungen 73
Avicularia aurantiaca 40, 75
Avicularia avicularia 40, 75
Avicularia metallica 41, 75
Avicularia minatrix 41, 75
Avicularia versicolor 42, 75

Balz 108
Basalglied 10
Bauchplatte 10

Baumbewohner 9, 40, 53, 70
Baumfreund 69
Beine 10
Beläge 101
Beleuchtung 62
Beleuchtungsdauer 67
Belüftung 61
Besprühen 61
Beutefang 15
Bezeichnung, wissenschaftliche 21
Biss 17, 18
Blaue Thai-Vogelspinne 33
Blumenerde 57, 58
Bodenbewohner 8, 22, 51, 70
Bodengrund 57
Bombadierspinnen 12, 18
Börsen 73
Brachypelma albopilosum 25, 75
Brachypelma auratum 25, 75
Brachypelma boehmei 26, 75
Brachypelma emilia 26, 75
Brachypelma smithi 27, 75
Brachypelma vagans 27, 75
Brasilianische Riesenvogelspinne 34
Brechreiz 18
Brennhaare 12, 18
Brutpflege 110
Buchführung 113
Bulben 10

Calathea makoyana 68
Carapax 10
Carl von Linné 16
Cephalothorax 10
Ceratogyrus bechuanicus 28, 75
Ceratogyrus darlingi 28, 75
Cheliceren 10, 13, 5
Chelicerenklaue 13
Chemorezeptoren 14
Chephalothorax 13
Chromatopelma cyaneopubescens 29, 75
CITES-Bescheinigung 116
Citharischius crawshayi 29, 75

Coxa 10, 13
Crustacea 6

Darm 10
Dekoration 62
Drosophila melanogaster 82

Efeutute 68
Eiablage 110
Eigenbau 56
Einfangen 90
Einrichten Schritt f. Schritt 70
Einrichtung 57
Einrichtungsvorschläge 70
Einzelgänger 9
Ephebopus murinus 30, 75
Epigastralfurchen 13
Epipremum pinnatum 68
Ergreifen 91
Eucratoscelus pachypus 30, 75
Extremitäten 10
Exuvie 96

Fächerlungen 12
Fachzeitschriften 73
Femur 10, 13
Ficus pumila 68
Fittonia verschaffeltii 69
Fittonie 69
Folsomia candida 83
Fuß 10
Futtermenge 78
Futtertiere 78
Futtertierzucht 80
Fütterung 78
Fütterung v. Jungtieren 112
Fütterungszeit 79

Geißelskorpione 6
Geißelspinnen 6
Gemeine Vogelspinne 40
Geräusche 94
Geschlechtsbestimmung 104
Geschlechtsreife 74, 106
Gestreifte Guatemala-Vogelspinne 24

Giftbiss 15, 17
Giftdrüsen 10
Goldknie-Vogelspinne 25
Grammostola grossa 31, 75
Grammostola pulchra 31, 75
Grammostola rosea 32, 75
Grillen 80
Größe d. Terrariums 51
Grundfläche 51

Hafthaare 11
Haiti-Vogelspinne 37
Hand nehmen 92
Haplopelma albostriatum 32, 75
Haplopelma lividum 33, 75
Häutung 16, 94, 96
Heimat 8
Heimchen 80
Heizfolien 59
Heizkabel 59
Heizmatten 59, 64
Heizung 59
Herz 12
Heteroscodra maculata 42, 75
Hinterleib 10
Höcker-Vogelspinne 28
Höhe d. Terrariums 52
Hörhaare 14
Hüfte 10
Hybridenzucht 107
Hygrometer 61
Hysterocrates hercules 33, 75

Insecta 6
Insektizide 66, 99
Internet 73, 119
Isolierung 92

Jungspinnenaufzucht 111
Jungtiere 74, 105

Kanten, scharfe 62
Kapuzenspinnen 6
Katzenstreu 59
Kieferntaster 10
Kies 59

Klaue 10
Kletterficus 68
Klettermöglichkeiten 64
Knie 10
Kokon 110
Kokosnussschale 64
Kolumbianische Riesenvogel-
   spinne 36
Kontrolle d. Terrariums 86
Kopfbrustschild 10
Kopulationsorgane 10
Korbmarante 68
Körperbau 10
Krankheiten 100
Kraushaar-Vogelspinne 25
Kutikula 14

Lampen 59
Lasiodora klugi 34, 75
Lasiodora parahybana 34, 75
Lasiodorides striatus 35, 75
Latrodectus mactans 20
Lebendfutter 48
Lebensraum 8
Lebensweise 8
Leoparden-Vogelspinne 45
Literatur 119
Locusta migratoria 81
Luftfeuchtigkeit 61
Lüftung 50
Lungenöffnungen 13

Männchen 74
Maria Sibylla Merian 16
Megaphobema mesomelas 35, 75
Megaphobema robustum 36, 75
Meldepflicht 117
Metatarsus 10, 13
Mexikanische Blond-Vogel-
   spinne 24
Mexikanische Rotbein-Vogel-
   spinne 27, 35
Mietrecht 117
Milben 7, 101
Mittelfuß 10
Mombasa-Vogelspinne 37

Moosfarn 69
Mundöffnung 15
Muskeln 10

Nachtabsenkung 60
Nahrungsaufnahme 15
Nahrungserwerb 15
Nahrungsverweigerung 95
Nerven 10
Nervensystem 10

Opiliones 7
Orangebein-Vogelspinne 26
Ornament-Baumvogelspinne 43

Paarungsterrarium 54
Paarungsvorgang 106
Palpigradi 6
Pamphobeteus ornatus 36, 75
Patella 10, 13
Pedipalpen 10
Pedipalpus 13
Pflanzen 57, 62, 66
Pflege d. Terrariums 86
Pflegeplan 89
Philodendron sp. 69
Phormictopus cancerides 37, 75
Pilzbefall 101
Platzbedarf 48
Poecilotheria formosa 43, 75
Poecilotheria regalis 44, 75
Porträts 21
Prosoma 10
Psalmopoeus cambridgei 44, 75
Psalmopoeus irminia 45, 75
Pseudoscorpiones 6
Pterinochilus murinus 37, 75

Quarantäneterrarium 55, 100
Quarzsand 59

Regenwald 8
Reizhaare 18
Ricinulei 6
Riesenvogelspinne 38
Rindenmulch 57

Rote Chile-Vogelspinne 32
Rotfuß-Vogelspinne 41
Rückenplatte 10

Saugmagen 10, 15
Schenkel 10
Schenkelring 10
Schichtdicke 57
Schiene 10
Schizomida 6
Schwarze Witwe 20
Schwarzrote Vogelspinne 27
Schwellungen 101
Scorpiones 6
Selaginella sp. 69
Service 114
Sicherung d. Terrariums 50
Sinella coeca 83
Sinne 14
Sinneshaare 14
Sinnesleistungen 14
Skorpione 6
Solifugae 7
Sollbruchstelle 98
Solutionfinder Krankheiten 101
Solutionfinder Verhalten 94
Spaltsinnesorgane 14
Spermanetz 106
Spinnenphobie 48
Spinnfaden 12
Spinnwarze 12, 13
Springschwänze 3
Standort d. Terrariums 56
Sternum 10, 13
Stridulationsorgane 11
Stromatopelma calceatum 45, 75

Tarantel 20
Tarsus 10, 13
Tasterläufer 6
Tasthaare 14
Tastsinn 14
Taufliegen 82
Tautropfen 61
Terrarienanlage 53
Terrarienpflege 86
Thelyphonida 6
Theraphosa blondi 38, 75
Thermometer 60
Tibia 10, 13
Tibiaapophysen 11
Tibien 11
Tierkauf 72
Tierschutzgesetz 117
Tigervogelspinne 44
Torfmull 58
Töten 100
Transport 92
Trichobothrien 14
Trochanter 10, 13
Türen d. Terrariums 50

Umgang 90
Unterirdisch lebende Vogels. 71
Urlaubsversorgung 88

Venezuela-Ornament-Vogel-
   spinne 45
Verdauungstrakt 12
Verhalten, richtiges 17
Verhaltensregeln 86
Verletzungen 98
Vermehrung 104

Vermiculit 57
Versenden 92
Versteckmöglichkeiten 63
Verteidigung 17, 18
Vitalius wacketi 39, 75
Vogelspinnenkrebs 101
Vorderkörper 10
Vorüberlegungen 48

Wachstum 16
Wallace Tarantel 35
Walzenspinnen 7
Wanderheuschrecken 81
Warnlaute 11
Warnsignale 19, 94
Wassernapf 65, 86
Wasserspeicher 61
Wasserversorgung 16
Weberknechte 7
Webspinnen 6
Weibchen 74
Wildfänge 74
World Spider Catalog 21
Wurmbefall 101

Xenesthis immanis 39, 75

Zahme Tiere 92
Zeitaufwand 48
Zeitschaltuhr 62
Zeitschriften 119
Zoofachhandel 72
Zubehör 65
Zucht 104
Zweifarbige Tarantel 23, 75
Zwerggeißelskorpione 6

KOSMOS.
Faszination Terraristik.

Nils Belker | Kosmos Buch Vogelspinnen
192 S., 256 Abb., €/D 39,90
ISBN 978-3-440-12070-5

8 Beine, 8 Augen – Faszination pur!

Die größten, schönsten und beliebtesten Spinnen der Welt sind Vogelspinnen – und so gestaltet man für sie das perfekte Heim. Nils Belker geht umfassend auf die Bedürfnisse der Exoten ein und berichtet mit jahrelanger Erfahrung über besondere Haltungsansprüche, Fütterung, Pflege, Zucht und die Behandlung von Krankheiten. Außerdem stellt er jede bekannte Vogelspinnenart im systematischen Kontext vor – mit Wissenswertem, Herkunftsort und Häufigkeit in Deutschland.

www.kosmos.de/heimtiere

KOSMOS.
Praxiswissen Terraristik.

Ariane Janitzki | **250 Terrarientiere**
288 S., 286 Abb., €/D 12,95
ISBN 978-3-440-11089-8

Bestimmen, halten, pflegen

Frösche und Molche, Schildkröten und Schlangen, Leguane und Geckos, Skinke und Warane, sogar Vogelspinnen und Skorpione – unter 250 Exoten hat der Terrarianer die Wahl. Dieses Buch stellt sie alle vor. Ein allgemeiner Text gibt zunächst einen Überblick über die Tiergruppe. Detaillierte Beschreibungen zu jedem Tier liefern wichtige Informationen zu Herkunft und Merkmalen, Haltung, Pflege und Ernährung der Terrarienbewohner.

www.kosmos.de/heimtiere